COURS DE CIVILISATION FRANÇAISE DE LA SORBONNE

Grammaire

350 exercices Niveau moyen

Y. Delatour, D. Jennepin, M. Léon-Dufour,
A. Mattlé-Yeganeh, B. Teyssier.

Professeurs aux Cours de Civilisation
française de la Sorbonne

NOUVELLE ÉDITION

HACHETTE
Français langue étrangère
www.hachettefle.fr

Dans la même collection

Exerçons-nous

Titres parus ou à paraître

Pour chaque ouvrage, des corrigés sont également disponibles.

- **Grammaire**
  (350 exercices)
  - *niveau débutant (nouvelle édition)*
  - *niveau moyen (nouvelle édition)*
  - *niveau supérieur I*
  - *niveau supérieur II*

- **Conjugaison**
  (350 exercices)

- **Révisions** (350 exercices)
  - *niveau 1*
  - *niveau 2*
  - *niveau 3*

- **Vocabulaire**
  (350 exercices)
  - *Vocabulaire illustré niveau débutant*
  - *Vocabulaire illustré niveau intermédiaire*
  - *niveau avancé*

- **Orthographe de A à Z**
  (350 règles, exercices, dictées)

- **Phonétique** (350 exercices)
  avec 6 cassettes

Grammaire du Français

Cours de Civilisation française de la Sorbonne

Y. Delatour, D. Jennepin, M. Léon-Dufour, A. Mattlé-Yeganeh, B. Teyssier

Dessins : Paul Woolfenden.
Maquette de couverture : Version Originale.
Maquette et mise en pages : Joseph Dorly Éditions.

ISBN : 2-01-15 5058-0
EAN 300 20 11 50154-2

Pour découvrir nos nouveautés,
consulter notre catalogue en ligne,
contacter nos diffuseurs, ou nous écrire,
rendez-vous sur internet :
www.hachettefle.fr

Avant-propos

Le succès obtenu par la publication des *350 exercices de grammaire* rendait nécessaire la refonte d'un ensemble conçu en 1987 et mis à l'épreuve par un suivi pédagogique précieux.

Les principes simples de cet ouvrage demeurent intacts dans la nouvelle édition. Les auteurs, pédagogues très expérimentés et authentiques spécialistes de l'enseignement du français langue étrangère, ont voulu répertorier les difficultés rencontrées par l'étudiant non francophone et les présenter de façon systématique et progressive, pour l'aider à les surmonter. Ils ont privilégié l'emploi d'une langue simple et correcte.

Mais dans cette refonte, si la structure initiale du manuel est conservée, la progression est encore plus systématique, et les exercices insistant sur les acquisitions de base sont sensiblement plus nombreux. De plus, des exercices d'un type différent ont été créés, soit qu'ils fassent appel à l'observation et à la réflexion de l'étudiant, soit qu'ils demandent une production personnelle, une fois compris et assimilés les mécanismes étudiés. Ainsi doit s'instaurer une pédagogie plus active, qui sollicite et implique l'étudiant. On a fait appel à un vocabulaire plus vivant, sans pour autant négliger la « note culturelle », qui est l'image de marque des Cours de Civilisation Française de la Sorbonne.

Enfin, la présentation du livre a été renouvelée : des dessins humoristiques introduisent le thème de chaque chapitre, apportant une note de gaieté à ce qui peut apparaître comme un travail austère. Des « intertitres » regroupent les exercices selon le problème étudié, et donnent des repères clairs pour la progression suivie. L'utilisateur pourra circuler plus aisément à l'intérieur de chaque chapitre.

Je ne peux que me réjouir de voir ainsi offert au public ce manuel rénové, qui prouve la vitalité de l'enseignement dans nos Cours. Il doit être utilisé avec souplesse, constituer une aide, un instrument de travail pour le professeur qui reste le maître du jeu.

Pierre BRUNEL
Directeur des Cours de Civilisation Française
de la Sorbonne

Les numéros d'exercices en noir sur fond gris clair signalent les exercices de révision.

Les articles

LES TROIS ARTICLES : INDÉFINI, DÉFINI, PARTITIF

1 **Trouvez les articles qui conviennent :**

1. Sur le bureau du directeur, il y a

   ... carnet de rendez-vous,

   ... pile de documents

   et ... stylos.   Qu'y a-t-il encore ?

2. Sylvie aime ... jazz,

   ... photographie,

   ... romans policiers

   et ... histoire ancienne.   Et vous, qu'est-ce que vous aimez ?

3. Je pars faire des courses au supermarché.

   Je vais acheter ... jambon,

   ... eau minérale,

   ... fruits

   et ... lessive.   Et vous, qu'est-ce que vous achetez ?

2

A/ Répondez aux questions en employant l'article partitif :

1. Quel sport pratiquez-vous ?
– Je fais …

2. Qu'est-ce que les élèves étudient au lycée ?
– Ils font …

3. Jouez-vous d'un instrument de musique ?
– Oui, je fais …

B/ Imitez l'exemple :

Elle est musicienne. → *Elle fait **de la** musique.*

1. Elle est patiente.   → Elle a …

2. Elle est énergique.   → Elle a …

3. Ce moteur est bruyant.   → Il fait …

4. Ils sont courageux.   → Ils ont …

5. C'est un homme fier.   → Il a …

3 **Complétez les phrases par l'article partitif ou indéfini :**

1. J'ai préparé … gâteau au chocolat pour le goûter.
– Veux-tu encore … gâteau au chocolat ?

2. « … thé au lait pour la table 6 ! » a crié le serveur.
– J'ai acheté … thé de Chine.

3. À la cantine, on sert … poulet aux enfants une fois par semaine.
– J'ai commandé au boucher … poulet pour quatre personnes.

4. « Il reste … salade. Tu en veux ? »
– Dans le réfrigérateur, il reste … salade et trois artichauts.

5. Ce morceau de viande, c'est … entrecôte.
– J'achèterai … entrecôte pour ce soir.

4 **Complétez les phrases par l'article défini ou indéfini :**

1. Il y a … station de métro là-bas.
– C'est … station « Concorde ».

2. J'aime bien prendre … tasse de café après le déjeuner.
– … café m'empêche de dormir.

3. Mathilde fume … cigarettes blondes.
– Mathilde n'aime que … cigarettes blondes.

4. … dimanche, nous allons souvent au cinéma.
– Ma fille est née … dimanche.

5. Il m'a donné … conseils très utiles.
– J'ai suivi … conseils qu'il m'a donnés.

5 **Complétez par l'article défini contracté ou élidé :**

A/ 1. L'entrée de ... tunnel.

2. La lecture de ... journaux.

3. La cloche de ... église.

4. La porte de ... hôtel.

5. Les branches de ... arbres.

B/ 1. Téléphone à ... médecin.

2. Je vais à ... hôpital.

3. Pensez à ... avenir !

4. Jouons à ... cartes !

5. Soyez à ... heure !

6 **Complétez les phrases par l'article défini, indéfini ou partitif :**

1. ... Soleil éclaire la Terre.
   - Hier, il y a eu ... soleil presque toute la journée.
   - Ce jour-là, il faisait ... soleil magnifique.

2. J'irai chercher ... argent à la banque.
   - Cet homme gagne ... argent fou !
   - On dit souvent que ... argent ne fait pas le bonheur.

3. ... fromage est riche en calcium.
   - Nous mangeons souvent ... fromage.
   - Le munster est ... fromage fort.

4. Denis a trouvé ... travail très bien payé.
   - Le professeur nous a donné ... travail pour demain.
   - Cécile aime beaucoup ... travail qu'elle fait.

5. À midi, je ne bois que ... eau.
   - ... eau est indispensable à la vie.
   - L'eau Perrier est ... eau gazeuse.

L'ARTICLE APRÈS LA FORME NÉGATIVE

7 **Mettez les phrases à la forme négative :**

A/ 1. Il y a une lampe sur le bureau.

2. On voyait de la lumière aux fenêtres.

3. J'ai mis de l'essence dans la voiture.

4. Les Berger ont un jardin.

5. Les étudiants avaient des questions à poser.

B/ 1. C'est du thé de Ceylan.

2. C'est un film en version originale.

3. Ce sont des touristes étrangers.

4. C'est de l'or pur.

5. Ce sont des bonbons à la menthe.

8   **Mettez les phrases à la forme négative :**

A/ 1. J'ai un ordinateur chez moi.

2. Je regarde régulièrement le journal télévisé.

3. Il y a encore des feuilles aux arbres.

4. Je mets quelquefois du sucre dans mon café.

5. Ce sont des fleurs naturelles.

6. J'aime beaucoup le champagne.

B/ 1. Il a peur des araignées.

2. Louise s'occupera encore de la bibliothèque de l'école l'année prochaine.

3. Je me souviens du prénom de ta cousine.

4. J'ai profité des soldes de printemps.

MODIFICATION ET OMISSION DE L'ARTICLE

9   **Mettez au pluriel :**

A/ **les mots en caractères gras**

1. J'ai acheté **une affiche** au Centre Pompidou.
– J'ai acheté **une belle affiche** au Centre Pompidou.

2. Il a **un ami américain**.
– Il a **un** très **bon ami américain**.

3. Voilà **une rose** très **rare**.
– Voilà **une belle rose**.

4. On a construit **un nouveau quartier** à la périphérie de la ville.

5. À cette réunion, j'ai rencontré **un ancien camarade d'école**.

B/ **les mots suivants**

1. Une petite fille et un petit garçon.

2. Une petite annonce.

3. Un grand magasin.

4. Un petit pois.

10   **Complétez les phrases par un article indéfini si nécessaire :**

1. Pierre est ... médecin.
– C'est ... médecin très réputé.

2. Stéphanie est ... journaliste à Libération.
– C'est ... journaliste très connue.

3. C'est ... musicien remarquable.
– Il est à la fois ... pianiste et ... compositeur.

4. Quelle est votre profession ? Je suis ... avocat.
– C'est ... profession passionnante.

5. Ma sœur est ... étudiante en pharmacie.
– Ce sont ... études difficiles.

OMISSION DE L'ARTICLE APRÈS LA PRÉPOSITION « *de* »

11 **Imitez l'exemple :**

> *Mes enfants font **du ski**. (beaucoup)*
> → *Mes enfants font **beaucoup de ski**.*

1. Il y avait **du monde** dans les magasins. *(moins)*
2. N'allons pas à la plage aujourd'hui ! Il y a **du vent**. *(trop)*
3. Cette année, Christophe a **du temps** pour faire du piano. *(plus)*
4. Les Forestier ont-ils **des enfants** ? *(combien)*
5. Rajoute **du beurre** dans les épinards ! *(un peu)*
6. Y a-t-il **des verres** pour tout le monde ? *(assez)*
7. À Paris, on rencontre **des étudiants étrangers**. *(beaucoup)*
8. Jean-Michel a **des amis**. *(peu)*

12 **Imitez l'exemple en utilisant les mots *kilo*, *livre*, *litre*, *mètre*, *heure*, *minute* :**

> *J'ai acheté **du** sucre.*
> → *J'ai acheté **un kilo de** sucre.*

1. Le train a eu **du** retard.
2. Pour faire cette crème au chocolat, il faut **du** lait.
3. Donnez-moi **des** pêches, s'il vous plaît, Monsieur !
4. J'ai commandé **du** tissu pour faire des rideaux.
5. Il y a encore **du** beurre dans le congélateur.
6. À quatre-vingts ans, il faisait **du** tennis une fois par semaine.

13 **Reliez les deux colonnes en inscrivant les lettres correspondantes dans les cases :**

A un verre de / en   ☐ cristal

B une cravate de / en   ☐ cuir

C un pantalon de / en   ☐ marbre

D un chapeau de / en   ☐ soie

E une veste de / en   ☐ paille

F une statue de / en   ☐ velours

14 **Complétez les phrases par un article indéfini ou partitif si nécessaire :**

1. Je voudrais … vin.
– Voici un verre de … vin.
2. Il y a … neige sur tout le village.
– Les enfants ont fait un bonhomme de … neige.

3. Elle a acheté ... fruits.
– Elle a préparé une salade de ... fruits.

4. Il est allé acheter ... essence pour son briquet.
– Il a besoin de quelques gouttes de ... essence pour son briquet.

5. Est-ce qu'il y a ... pain sur la table ?
– Oui, la corbeille est pleine de ... pain.

6. Il y a ... feuilles mortes partout.
– La pelouse est recouverte de ... feuilles mortes.

7. J'ai eu ... chance !
– J'ai gagné au Loto ! C'est mon jour de ... chance !

8. Les enfants ont cueilli ... abricots.
– J'ai fait ... confiture de ... abricots.

15 **Complétez les phrases par un article défini si nécessaire :**

1. Il y a des clés de ... voiture sur la table. À qui sont-elles ?
– Les clés de ... voiture de Jean-Baptiste sont dans le tiroir.

2. Ce plan indique tous les arrêts de ... autobus.
– L'arrêt de ... autobus 63 a été déplacé.

3. Quelles sont les dates de ... vacances de Noël cette année ?
– Quelles sont vos dates de ... vacances ?

4. La vente de ... tableaux de la collection Dupont-Laurent aura lieu le mois prochain.
– Une vente de ... tableaux contemporains aura lieu le mois prochain.

5. Ce voyage organisé en Hollande prévoit plusieurs visites de ... musées.
– La visite de ... musée Van Gogh se fera avec un guide.

16 **Complétez les noms :**

1. un paquet de ...
2. un pot de ...
3. une goutte de ...
4. un tube de ...
5. une boîte de ...
6. un bouquet de ...
7. une tranche de ...
8. un morceau de ...
9. une bouteille de ...
10. du jus de ...
11. une carte de ...
12. un billet de ...
13. un magasin de ...
14. une table de ...
15. un film de ...
16. un professeur de ...
17. une paire de ...
18. une salle de ...
19. un ticket de ...
20. des chaussures de ...

17 **Mettez au pluriel les mots en caractères gras :**

A/ 1. J'ai besoin d'**une pile neuve** pour ma radio.

2. Ils rêvent d'**un week-end** à la campagne.

3. Il se plaint d'**un violent mal de tête**.

4. Elle parle d'**un problème important** avec son ami.

5. Demandez l'avis d'**une personne compétente**.

B/ 1. Elle s'occupe **de l'enfant** de sa sœur le mercredi.
   – Cette jeune femme s'occupe **d'un enfant handicapé**.

2. Paul et Christine ont parlé **d'une actrice** que je ne connais pas.
   – Ils ont parlé **de l'actrice qui vient** d'obtenir un « César ».

3. Pour dessiner, l'enfant se sert **d'un crayon de couleur**.
   – Il s'est servi **du crayon** de son frère.

18 **Complétez les phrases par un article si nécessaire :**

1. Le château de Chambord est entouré de … mur de 32 kilomètres de long.
   – Une île, c'est un morceau de terre entouré de … eau.
   – La célèbre actrice entra, entourée de … photographes.

2. La table était couverte de … nappe blanche.
   – Le bureau était couvert de … livres et de … documents.
   – C'était l'hiver ; tout était couvert de … neige.

3. Le verbe « ressembler » est toujours suivi de … préposition « à ».
   – Ce verbe est toujours suivi de … complément d'objet direct.
   – Chaque chapitre de cette traduction est suivi de … notes explicatives.

4. Les murs de sa chambre sont tapissés de … tissu.
   – Les murs de sa chambre sont tapissés de … tissu à fleurs.
   – Les murs de sa chambre sont tapissés de … posters.

19 **Complétez les noms :**

*du vernis à … → du vernis **à** ongles.*   *un pain à … → un pain **au** chocolat.*

A/ 1. un sac à …   **B/** 1. du café à …
   2. une brosse à …   2. une tarte à …
   3. du rouge à …   3. un croissant à …
   4. du papier à …   4. une glace à …
   5. une cuillère à …   5. un poulet à …

20 **Reliez les deux colonnes en inscrivant les lettres correspondantes dans les cases :**

A Elle a fait cet exercice	☐	pour travaux
B Roulez	☐	avec prudence
C Ils habitent un vieil appartement	☐	comme dessert
D Elle travaille	☐	comme jeune fille au pair
E Le directeur est occupé : il est	☐	en vacances
F Je prendrai une pêche melba	☐	sans confort
G Le magasin est fermé	☐	en réunion
H Nous partirons bientôt	☐	sans fautes

21   **Faut-il un article ? Si oui, lequel ?**

1. Ne te mets pas à ... soleil ! Tu vas attraper un coup de ... soleil.
   – Méfiez-vous ... soleil !
   – Le défilé a eu lieu sous ... soleil de plomb.
   – Pour certaines fleurs, il faut ... soleil. Pour d'autres, il ne faut pas trop de ... soleil.

2. Il est temps de se mettre à ... travail.
   – Les entreprises doivent respecter la législation de ... travail.
   – C'est ... travail bâclé. Recommencez !
   – Il est toujours sans ... travail.
   – ... travail, c'est la santé !

3. Aujourd'hui, je n'ai pas ... temps de passer vous voir.
   – Faire des crêpes, ça prend ... temps.
   – Ça fait ... temps fou que je n'ai pas vu les Duval.
   – Nous devons faire un pique-nique dimanche, mais ça dépendra de ... temps.
   – Envoie ta réponse dès aujourd'hui pour qu'elle arrive à ... temps.
   – À ... temps de Louis XIV, la vie à la cour était réglée par une étiquette très stricte.

22   **Faut-il un article ? Si oui, lequel ?**

Recette de la salade niçoise

Il faut pour quatre personnes :
2 pommes de terre cuites, 2 œufs, une petite boîte de haricots verts, 2 tomates, 1/2 concombre,
1 oignon blanc, 1 poivron, une petite boîte de thon à l'huile, une petite boîte de 8 à 10 filets d'anchois,
10 olives.

Faire durcir ... œufs dix minutes dans ... eau bouillante.

Égouttez ... haricots verts. Passez-les sous ... eau froide dans ... passoire.

Enlevez ... coquille de ... œufs et coupez-les en quartiers. Pelez et coupez ... tomates,
... concombre, ... pommes de terre et ... oignon en rondelles. Enlevez ... pépins de
... poivron.

Versez dans ... saladier ... contenu de ... boîte de ... thon, ... haricots verts avec
... légumes préparés. Ajoutez ... œufs, ... filets de ... anchois et ... olives. Arrosez
le tout avec ... vinaigrette.

23   **Complétez le texte par un article si nécessaire :**

... ville de Chartres se trouve à ... centre de ... grande région agricole qui produit
surtout ... blé. ... célèbre cathédrale est entourée de ... vieilles maisons; c'est ...
magnifique exemple de ... art gothique du XIIe siècle. Toute l'année, ... nombreux
touristes viennent la visiter. Avec ... plan de ... ville, ils vont aussi se promener
dans ... rues bordées de ... maisons ... Moyen Âge.

■ **2**

Les démonstratifs

ADJECTIFS DÉMONSTRATIFS : *ce , cet, cette, ces*

1 Complétez les phrases par un adjectif démonstratif :

A/ Pardon Madame, quel est le prix de

... tee-shirt, le rouge avec le palmier vert ?

... serviette de bain ?

... lunettes de soleil ?

... maillot de bain ?

... sandales ?

Continuez la liste.

B/ Connais-tu le nom de

... arbre ?

... homme ?

... oiseau ?

... hôtel ?

... endroit ?

Cherchez d'autres noms commençant par une voyelle ou un « h aspiré ».

2   **Mettez les mots en caractères gras au singulier en faisant les accords nécessaires :**

1. **Ces exercices** n'étaient vraiment pas difficiles.

2. **Ces plages** sont bien abritées du vent.

3. **Ces journaux** paraissent le soir.

4. J'ai rencontré **ces amis** au Club Méditerranée.

5. J'ai fait la connaissance de **ces amies** à la faculté de Montpellier.

3   **Complétez les phrases par l'adjectif démonstratif + *ci* ou *là* :**

1. On ne sait pas bien ce que représente ce dessin ; de quel côté doit-on le regarder ? De ... côté-... ou de ... côté-... ?

2. « Quand Pierre rentre-t-il de voyage ? – Il doit rentrer ... jours-... »

3. Au début du siècle, la Côte d'Azur était fréquentée par une riche clientèle étrangère ; à ... époque-... , il y avait beaucoup moins de touristes que maintenant.

4. Les travaux de peinture dans l'immeuble vont commencer ... mois-...

5. Personne ne répond chez les Bergerac. Pourtant, d'habitude à ... heure-... , ils sont chez eux !

PRONOMS DÉMONSTRATIFS : *celui, celle, ceux, celles*

4   **Remplacez les mots en caractères gras par un pronom démonstratif :**

A/   *Ton stylo ne marche pas ; prends **ce stylo-là** !*
    → *Ton stylo ne marche pas : prends **celui-là** !*

1. Ces tableaux de Monet représentent tous les deux la cathédrale de Rouen ; **ce tableau-ci** n'a pas les mêmes couleurs que **ce tableau-là**.

2. Cette moquette me plaît beaucoup, mais je vais prendre **cette moquette-là** parce qu'elle sera moins fragile.

3. J'ai fait des crêpes ; nous mangerons **ces crêpes-ci** à midi et **ces crêpes-là** au goûter.

4. Ces meubles sont vraiment anciens mais **ces meubles-là** sont des copies.

B/   *Autrefois, dans ce village, il y avait deux écoles : **l'école** des filles et **l'école** des garçons.*
    → *Autrefois, dans ce village, il y avait deux écoles : **celle** des filles et **celle** des garçons.*

1. Le train de 8 heures est direct, mais **le train** de 8 h 02 est omnibus.

2. Cette opinion n'est pas **l'opinion** de tout le monde.

3. Dans cet immeuble, tous les appartements ont un balcon sauf **les appartements** du rez-de-chaussée qui ont un petit jardin.

4. En Autriche, nous avons visité le château de Schönbrunn qui ressemble beaucoup **au château** de Versailles.

C/   *J'aime beaucoup les fraises, particulièrement **les fraises** qui viennent du Périgord.*
→ *J'aime beaucoup les fraises, particulièrement **celles** qui viennent du Périgord.*

1. La carte du restaurant propose deux menus ; prends **le menu** que tu préfères !

2. Le centre de loisirs du quartier propose aux enfants toutes sortes d'activités sportives ; ils peuvent choisir **les activités** qui leur plaisent.

3. Je connais la plupart des copains de Jérôme mais pas **les copains** dont vous parlez.

4. Nous avons visité beaucoup de maisons avant d'acheter **la maison** où nous sommes maintenant.

PRONOMS DÉMONSTRATIFS : *ce, ça*

5   Complétez les phrases :

A/ Par *ce* :

1. Je suis obligé de manquer mon cours demain, … est ennuyeux.

2. Nous sommes en hiver mais bientôt … sera le printemps.

3. Rouler à cette vitesse-là par temps de pluie, … était de la folie !

B/ Par *ça* :

1. Je suis obligé de manquer mon cours demain, … m'ennuie beaucoup.

2. Ne t'énerve pas ! … ne sert à rien.

3. « Je suis désolé, je n'ai pas d'argent liquide.
   – … n'a pas d'importance, vous pouvez faire un chèque. »

C/ Par *ce* ou *ça* :

1. Louise s'est fait couper les cheveux ; … lui va très bien.

2. « Mes vacances en Crète, … était super ! » m'a dit Antoine.

3. Il m'a posé toutes sortes de questions ; … m'a mis en colère et je lui ai répondu : « … ne te regarde pas ! »

4. « À quelle heure se retrouve-t-on ? à 5 heures ? à 6 heures ?
   – Comme tu veux, … m'est égal. »

5. Blériot traversa la Manche pour la première fois en 1909 ; … fut un événement dans l'histoire de l'aviation.

6   Complétez les phrases par *ce* ou *ceux* :

1. Camille n'écoute jamais … que je lui dis.
   – Albert n'écoute jamais … qui lui donnent des conseils.

2. Aucun élément nouveau dans l'accident du Boeing qui s'est écrasé au sol hier soir. On ne sait toujours pas … qui s'est passé.

3. Tragique collision au carrefour du boulevard Raspail et du boulevard Saint-Germain ! On a interrogé tous … qui avaient été les témoins du drame.

4. Les plages de la Méditerranée offrent soleil et détente à tous ... qui sont « stressés » par le travail.

5. Une semaine à ne rien faire, c'est exactement ... qu'il me faut pour me remettre en forme.

7   **Complétez les phrases par une des expressions :**

comme ça	*ça ne fait rien*	*ça me fait grossir*
avec ça	*ça lui faisait peur*	*ça l'a rendu malade*
sans ça	*oui, ça y est, je suis prêt(e)*	*ça lui a beaucoup plu*
à ça	*ça alors !*	*oh ! comme ci comme ça*

Ne crie pas ... → *Ne crie pas comme ça !*

1. Je ne mange pas de pain, ...

2. Il a gagné 100 000 F au loto, ...

3. J'ai donné un grand coup de frein, ... j'aurais brûlé un feu rouge.

4. Il a passé deux semaines en Islande, ...

5. D.U.P.O.N.D, son nom s'écrit ...

6. Charles a mangé trop de choux à la crème, ...

7. Les vacances, les enfants ne pensent que ...

8. Voilà vos tomates, madame, et, ... , qu'est-ce que je vous donne ?

9. Isabelle n'a jamais voulu prendre l'avion ...

10. La banque est déjà fermée ; ... , j'irai demain.

11. Tu as fini ? On peut partir ? – ...

12. Comment vas-tu aujourd'hui ? – ...

8   **Complétez les phrases :**

1. Beaucoup de personnes laissent traîner papiers gras et boîtes de coca ! ... gens- ... ne se rendent pas compte qu'ils polluent l'environnement.

2. À ma place, quelle cravate mettrais-tu ? ... ou ... ?

3. J'ai au moins dix rouges à lèvres mais ... dont je me sers le plus, c'est ...

4. La petite Colette a saigné du nez ; ... lui arrive de temps en temps.

5. À l'heure actuelle, trouver un bon travail, ... n'est pas évident !

6. Abonnez-vous au « Petit Journal » avant le 1er septembre ! ... abonnement ne vous coûtera que 150 F au lieu de 200 F !

7. Ah ! ... sirènes de police, comme ... est fatigant !

8. Tout le monde me donne des conseils ; je ne sais plus ... que je dois faire !

9. ... soir, chez le pâtissier, il n'y avait plus un grand choix de tartes ; j'ai pris ... qui m'a paru la plus appétissante.

10. En ... moment, notre magasin fait une réduction de 20 % sur les articles de bricolage ; ... vaut la peine.

Les possessifs

ADJECTIFS POSSESSIFS

mon, ton, son, notre, votre, leur
ma, ta, sa, notre, votre, leur
mes, tes, ses, nos, vos, leurs

1   **Complétez les phrases :**

A/   Avant de partir à mon cours, je vérifie que j'ai mis dans mon sac

     ... porte-monnaie,

     ... carte d'identité,

     ... clés.   Et vous, qu'emportez-vous le matin en partant ?

B/   Camille va faire du tennis. Elle a pris

     ... sac de sport,

     ... raquette et ... balles,

     ... lunettes de soleil et ... crème solaire.

                Et vous, que prenez-vous quand vous allez à la piscine ?

C/   Ils vont se promener en forêt. Ils emportent

     ... sac à dos,

     ... chaussures de marche,

     ... pique-nique et ils emmènent aussi ... chien.

2   **Complétez les phrases par *ma, ta, sa* ou *mon, ton, son* :**

1. Mon fils aime beaucoup ... nouvelle école.
– Son fils aime beaucoup ... école.

2. ... meilleure amie s'appelle Patricia.
– ... amie Patricia va se marier samedi.

3. Donne-moi ... nouvelle adresse !
– Donne-moi ... adresse !

4. La place de la ville est célèbre pour ... belle horloge du XVIIIe siècle.
– La place de la ville est célèbre pour ... horloge du XVIIIe siècle.

3   **Complétez les phrases par un adjectif possessif :**

A/ 1. Range ... affaires dans ... armoire.
– Rangez ... affaires dans ... armoires.

2. J'ai relu ... dictée et j'ai corrigé ... fautes.
– Nous avons relu ... dictée et nous avons corrigé ... fautes.

3. Tu as laissé ... briquet et ... cigarettes chez moi.
– Vous avez laissé ... briquet et ... cigarettes chez moi.

B/ 1. La veille de ... départ, Marie a préparé ... bagages et elle a mis ... réveil à sonner à 5 heures.
– La veille de ... départ, Pierre et Marie ont préparé ... bagages et ils ont mis ... réveil à sonner à 5 heures.

2. Étienne a montré ... photos de vacances à ... frère.
– Étienne et Marie ont montré ... photos de mariage à ... ami.

3. Le motard a enlevé ... casque et il l'a posé sur ... moto.
– Les motards ont enlevé ... casques et ils les ont posés sur ... motos.

PRONOMS POSSESSIFS

le mien, le tien, le sien, le nôtre, le vôtre, le leur
la mienne, la tienne, la sienne, la nôtre, la vôtre, la leur
les miens, les tiens, les siens, les nôtres, les vôtres, les leurs
les miennes, les tiennes, les siennes, les nôtres, les vôtres, les leurs

4   **Remplacez les mots en caractères gras par un pronom :**

A/ 1. Tu as une gomme ; prends **ta gomme**, pas **ma gomme**.

2. Tout le monde n'a pas les mêmes goûts ; chacun a **ses goûts**.

3. Nous allons camper en Corse. Pourriez-vous nous passer votre tente qui est plus grande que **notre tente** ?

4. Un chien a aboyé toute la nuit. Est-ce que c'est **votre chien** ?

5. Nous manquions de chaises pour la fête et nos voisins nous ont prêté **leurs chaises**.

B/ Attention à la contraction.

1. Les idées politiques de Cécile sont bien différentes de **mes idées politiques**.

2. Notre jardin paraît bien petit à côté de **votre jardin** !

3. Nous avons trouvé des vélos à louer ; dites à vos amis que, finalement, nous n'avons pas besoin de **leurs vélos**.

4. Je téléphone à mes parents toutes les semaines alors que mon mari ne téléphone presque jamais à **ses parents**.

5. Elle s'inquiète beaucoup de son avenir ; et toi, penses-tu à **ton avenir** ?

C/ Complétez les phrases :

1. Les Dupuy ont envoyé leur fille aux États-Unis, mais les Clément n'ont pas voulu que ... y aille.

2. J'ai trouvé une écharpe ; quelqu'un a-t-il perdu ... ?

3. As-tu des ciseaux ? Je ne retrouve plus ...

4. J'ai rempli ma déclaration de revenus, et toi, n'oublie pas de remplir ...

5. Chaque pays a ses traditions culinaires. Vous avez ... , nous avons ...

ARTICLE DÉFINI À LA PLACE DE L'ADJECTIF POSSESSIF

5 **Complétez les phrases par un article défini :**

A/ 1. Les enfants, lavez-vous ... mains avant le déjeuner !

2. Je me suis brûlé ... langue en buvant du thé trop chaud.

3. Il faut se brosser ... dents au moins deux fois par jour.

4. Didier s'est laissé pousser ... barbe.

B/ 1. Le chat a griffé l'enfant qui lui avait tiré ... queue.

2. Il nous a serré ... main en arrivant.

3. Pour remercier sa grand-mère, il l'a embrassée sur ... deux joues.

4. La mère a pris son fils par ... main pour traverser la rue.

C/ 1. Ingrid a ... yeux bleus et ... cheveux blonds.

2. Ma sœur et moi, nous avons ... teint clair.

3. J'ai mal à ... tête depuis ce matin.

4. Quand quelqu'un est généreux, les gens disent de lui : « Il a ... cœur sur ... main ».

6 **Complétez les phrases par un adjectif possessif ou un article défini :**

1. Elle a de la fièvre ; elle a ... front brûlant.
   – Elle a de la fièvre ; ... front est brûlant.

2. Je vais chez le coiffeur ; ... cheveux sont trop longs.
   – Je vais chez le coiffeur ; je vais me faire couper ... cheveux.

3. Il est tombé de cheval ; il a mal à ... pied.
– Il est tombé de cheval ; ... pied le fait souffrir.

4. « J'ai mal à ... gorge » a-t-il dit au médecin.
  – « En effet, ... gorge est très rouge » a répondu celui-ci.

L'EXPRESSION DE LA POSSESSION

7   **Imitez les exemples :**

A/   *Est-ce que ce stylo est à toi ?*   → – *Oui, **il** est **à moi**.*
                                         → – *Oui, **c'est mon** stylo.*
                                         → – *Oui, c'est **le mien**.*

1. Est-ce que ce briquet est à vous ? → – Oui, ...
2. Est-ce que ces affaires de sport sont à toi ? → – Oui, ...
3. Est-ce que ces disques sont à nous ? → – Oui, ...

B/   *Est-ce que cette voiture est à Michel ?*   → – *Oui, **elle** est **à lui**.*
                                                 → – *Oui, c'est **sa** voiture.*
                                                 → – *Oui, c'est **la sienne**.*
                                                 → – *Oui, c'est **celle** de Michel.*

1. Est-ce que cette écharpe est à Béatrice ? → – Oui, ...
2. Est-ce que ce chien est au gardien de l'immeuble ? → – Oui, ...
3. Est-ce que ces vélos sont à vos enfants ? → – Oui, ...

8   **Imitez l'exemple :**

*« J'ai trouvé un parapluie rouge dans le vestiaire. À qui est-**il** ?*
*– **Il** est à moi. »*

*« J'ai trouvé un parapluie rouge dans le vestiaire. À qui est-**ce** ?*
*– **C'est** à moi. »*

1. J'ai trouvé un petit dictionnaire français-espagnol. À qui est-il ? À qui est-ce ?
2. Voici des clés. À qui sont-elles ? À qui est-ce ?
3. On a trouvé un porte-monnaie marron avec 100 francs dedans. À qui est-il ? À qui est-ce ?
4. Quelqu'un a laissé ses gants près du téléphone. À qui sont-ils ? À qui est-ce ?
5. Il y a un foulard sur la chaise. À qui est-il ? À qui est-ce ?
6. Il y a des cigarettes sur le bureau. À qui sont-elles ? À qui est-ce ?

4

Identification / description

EMPLOI DE *c'est / il est*

1 **Test de culture générale. Répondez aux questions :**

<u>HISTOIRE</u>

1. Il était roi en 1789 et fut guillotiné en 1793. Qui est-ce ?

2. Qui est arrivé en Amérique en 1492 ?

<u>GÉOGRAPHIE</u>

1. Ils parlent français mais ils ne vivent pas en France et ils ne sont pas français. Qui est-ce ?

2. Quel pays présente la forme d'un hexagone ? d'une botte ?

<u>SCIENCES</u>

1. Qui a découvert le vaccin contre la rage ?

2. Comment s'appelle l'instrument de navigation qui indique le Nord ?

<u>ART</u>

1. Elle fut construite à l'occasion de l'Exposition universelle de 1889 ? Qu'est-ce que c'est ?

2. C'était un palais. C'est un musée. Il est à Paris. Qu'est-ce que c'est ?

<u>POLITIQUE INTERNATIONALE</u>

1. Qu'est-ce que l'ONU ?

2. Qui est actuellement le Premier ministre dans votre pays ?

Votre score :
0 point : vous êtes nul !!
5 points : vous êtes assez bon.
10 points : vous êtes très bon.

2   **Décrivez en employant *il est, elle est, ils sont, elles sont* :**

1. En quoi sont les pneus d'une voiture ?
2. Quelle est la forme d'un ballon de rugby ?
3. De quelle couleur est le ciel aujourd'hui ?
4. Comment est votre chambre à Paris ?
5. Comment trouves-tu mes nouvelles lunettes ?

3   **Comment est-ce ?**

> *Paris, comment est-ce ?* → ***C'est*** *beau (magnifique, bruyant, cher, sale, fatigant, etc.).*

1. La vie à la campagne, comment est-ce ?
2. Sauter en parachute, comment est-ce ?
3. Disneyland Paris, comment est-ce ?
4. Être jeune homme ou jeune fille au pair, comment est-ce ?

4   **Décrivez quelqu'un :**

A/ Physique :

> *De quelle couleur sont les cheveux de Clara ? Roux ou noirs ?*
> → ***Ils sont*** *roux.* ou ***Elle a*** *les cheveux roux.* (deux réponses)

1. Quelle est la couleur de vos cheveux ? bruns ou blonds ?
2. Comment sont vos cheveux ? frisés ou raides ?
3. De quelle couleur sont vos yeux ? bruns, bleus ou verts ?

B/ Nationalité – profession :

> *Que fait le mari de Madame Duraton ?* → *– **Il est** ingénieur.*

1. Quelle est votre nationalité ? ou : De quelle nationalité êtes-vous ?
2. Quelle est la profession de votre père ?
3. Que voulez-vous faire plus tard ?

C/ Décrivez votre meilleur(e) ami(e).

5   **Identifiez et décrivez :**

> *Est-ce que vous connaissez ce monsieur ?*
> → *Oui, **c'**est mon voisin, **il** est très sympathique, **il** est informaticien.*

1. Connaissez-vous *Le Rouge et le Noir* ?
   – Oui, ... est un roman de Stendhal, ... est passionnant.
2. Qui sont ces enfants ?
   – ... sont les petits Barsac ; ... sont des amis de ma fille, ... sont très mignons.
3. Delacroix, qui est-ce ?
   – ... est un peintre du XIXᵉ siècle, ... est français ; ... était contemporain de Charles Baudelaire.

4. Vous connaissez cet oiseau ?
   – ... est un merle, ... est très courant dans cette région.

5. Qui est cette dame qui parle si fort ?
   – ... est notre vieille concierge, ... est un peu sourde.

6. Qu'est-ce que la Bourgogne ?
   – ... est une province de France, ... est très célèbre pour ses églises romanes et ses vins.

7. Cet appareil, qu'est-ce que c'est ?
   – ... est un magnétoscope ; à l'heure actuelle, ... est le plus perfectionné, mais ... est très cher.

8. Cette crème, qu'est-ce que c'est ?
   – ... est une crème pour les mains, ... est hydratante ; ... est la meilleure que je connaisse.

9. Le Bon Marché, qu'est-ce que c'est ?
   – ... un grand magasin, ... est le plus ancien de Paris, ... est situé sur la Rive Gauche.

10. Est-ce que vous connaissez M. Duchêne ?
    – Oui, ... est un de nos amis, ... est chirurgien ; ... est le plus connu de la ville.

6 **Complétez les phrases :**

> *C'est* bon, les tartes aux pommes !
> *Elle était* excellente, ma tarte aux pommes !

1. ... est difficile, les dictées !
   – ... était vraiment difficile, la dictée d'hier !

2. Une voiture à Paris, ... n'est pas indispensable !
   – « ... est quand même bien pratique, ma petite Renault ! »

3. Votre café est délicieux, mais ... est très fort.
   – Trop de café, ... est mauvais pour la santé.

4. ... est presque toujours clair, un appartement au cinquième étage.
   – ... est malheureusement très sombre, mon appartement !

7 **Imitez le modèle** (n'employez que le verbe *être*) :

> *Sir Winston Churchill*
> *C'était un homme politique anglais. Il était Premier ministre pendant la Seconde Guerre mondiale. Il était très gros. C'était un homme remarquable. C'était un grand fumeur de cigares. Etc.*

1. Amsterdam.

2. Le Général de Gaulle.

3. La pizza.

4. L'éléphant.

LOCALISATION

8   **Répondez aux questions :**

A/ 1. Où est la clé de votre appartement ?

2. Où est votre passeport ?

3. Où sont vos parents en ce moment ?

4. Où est le Pape ?

B/ 1. Où est Genève ?

2. Où est Rio de Janeiro ?

3. Où est la Finlande ?

4. Où est le Nigéria ?

MESURES

9   **Répondez aux questions en imitant le modèle :**

A/ *Quelle est **la hauteur** de la tour Eiffel ?* → **Elle a** *300 mètres de haut (hauteur).*
→ **Elle fait** *300 mètres de haut.*

1. Quelle est la longueur de l'avenue des Champs-Élysées ?

2. Quelle est la largeur de la rue où vous habitez ?

3. Quelle est la hauteur du Mont-Blanc ?

B/ *Quelle est **la profondeur** des placards de votre cuisine ?* → **Ils ont** *40 cm de profondeur.*
→ **Ils font** *40 cm de profondeur.*

1. Quelle est la profondeur normale d'un réfrigérateur ?

2. Quelle est la profondeur minimale d'une piscine olympique ?

3. Quelle est l'épaisseur des murs de ce château ?

C/ *Quelles sont les **dimensions** de ce tapis ?* → **Il fait** *4m de long sur 3m de large.*

1. Quelles sont les dimensions d'un lit d'une personne ?

2. Quelles sont les dimensions de votre salle de séjour ?

3. Quelles sont les dimensions d'un court de tennis ?

10   **Reformulez les phrases selon le modèle :**

*Ce livre **coûte 100 francs**. → **Le prix** de ce livre **est de** 100 francs.*

1. Aujourd'hui, il fait 30 degrés.

2. Munich est à 800 kilomètres de Paris environ.

3. En 1990, l'Ile-de-France comptait 10 millions 660 000 habitants.

4. La France a un territoire de 550 000 km^2.

5. Je gagne 10 000 francs par mois.

6. Les vacances de Noël durent généralement deux semaines.

7. Le mois prochain, le prix de l'essence augmentera de 3 %.

8. En 1990, la France a produit environ 4 millions de voitures particulières.

9. Je loue mon appartement 4 000 francs par mois.

10. Cette voiture consomme 10 litres aux cents.

La mise en relief

1 *c'est... que...*

A/ Mettez en relief les mots soulignés :

> *Je pars <u>demain</u> pour la Guadeloupe.*
> → *C'est <u>demain</u> que je pars pour la Guadeloupe.*

1. Mes grands-parents habitaient <u>là</u>.

2. On ne peut pas réserver vos places <u>à cause d'une panne d'ordinateur</u>.

3. On a découvert ces objets gallo-romains <u>en construisant un parking</u>.

4. Il a quitté son pays <u>pour des raisons politiques</u>.

5. J'aimerais passer des vacances <u>à cet endroit</u>.

B/ Imitez l'exemple :

> *acheter ce foulard / aux Galeries Lafayette.*
> → *C'est aux Galeries Lafayette que j'ai acheté ce foulard.*

1. Faire les vendanges / en automne.

2. Trouver ce studio à louer / en lisant les petites annonces.

3. Rester à la maison / parce qu'elle était très enrhumée.

4. Jouer au tennis / avec Maxime.

5. Le débarquement des Alliés / avoir lieu / le 6 juin 1944.

2   *ça*

A/   **Reformulez la question :**

> *En vacances, est-ce que le farniente au soleil te plaît ?*
> → *En vacances, le farniente au soleil, ça te plaît ?*

1. Est-ce que la politique vous intéresse ?

2. Est-ce que vivre à la campagne te plairait ?

3. Est-ce que la fumée vous gêne ?

4. Est-ce que les études vous ennuient ou vous amusent ?

B/   **Imitez l'exemple :**

> *J'adore les films d'épouvante.*
> → *Les films d'épouvante, j'adore ça !*

1. Je déteste aller chez le dentiste.

2. Ce petit garçon n'aime que les jeux vidéo.

3. Il ne pense qu'à faire du sport.

4. On ne parle que de ce scandale immobilier.

C/   **Complétez les phrases en imitant l'exemple :**

> *Les nœuds-papillons, je trouve ça* ...
> → *Les nœuds-papillons, je trouve ça très chic.*

1. Regarder un match de rugby à la télévision, je trouve ça ...

2. Rouler à 180 km/h sur l'autoroute, je trouve ça ...

3. Prendre le métro sans ticket, je trouve ça ...

4. Les mini-jupes, je trouve ça ...

3   *c'est...*

A/   **Complétez les phrases en imitant les exemples :**

> *Étudier une langue étrangère, c'est* ...
> → *Étudier une langue étrangère, c'est très amusant.*

1. La vie à deux, c'est ...

2. Respecter le code de la route, c'est ...

3. Repérer les monuments de Paris du haut des tours de Notre-Dame, c'est ...

B/   *..., c'est impossible !*
> → *Apprendre le français en huit jours, c'est impossible !*

1. ..., c'est économique !

2. ..., c'est très ennuyeux !

3. ..., c'est merveilleux !

4. ..., c'est très très important !

5. ..., c'est stupide !

6. ..., c'est drôle !

4 *c'est ... qui ... ou c'est ... que ...*

Imitez l'exemple :

> *Le Président lui-même vous recevra.*
> → *C'est le Président lui-même qui vous recevra.*

1. Une famille canadienne a habité cet appartement avant nous.

2. Je préfère ce tableau-là.

3. Les enfants veulent voir la Tour Eiffel en premier.

4. Votre voiture démarre mal ; il faut changer la batterie.

5. J'ai appris à lire à mon fils.

6. Il a apporté des fleurs.

5 *ce qui ..., c'est ... ou ce que ..., c'est ...*

Répondez aux questions en imitant l'exemple :

> *À Paris, qu'est-ce qui vous plaît ?*
> → *À Paris, ce qui me plaît, c'est l'atmosphère, le mouvement ...*
> → *À Paris, ce qui me plaît, c'est qu'il y a plein de cafés !*

1. À Paris, qu'est-ce que vous n'aimez pas ?

2. Dans la vie, qu'est-ce qui compte le plus pour vous ?

3. Qu'est-ce qui vous a plu dans ce roman ?

4. Dans les voyages, qu'est-ce que vous appréciez ?

5. Chez cet acteur, cette actrice, qu'est-ce qui vous attire ?

6. Dans votre vie actuelle, qu'est-ce qui ne va pas ?

6 *c'est ce qui ... ou c'est ce que ...*

Complétez les phrases :

1. Dans les grandes villes, les longs trajets pour aller travailler, c'est ... est le plus pénible.

2. « Métro-boulot-dodo », c'est ... beaucoup de Franciliens (habitants de l'Ile-de-France) vivent quotidiennement.

3. Pour les vacances, une croisière, c'est ... me ferait le plus plaisir.

4. Réduire le chômage, c'est ... tous les hommes politiques promettent.

5. La manifestation s'est mal terminée à cause des « casseurs », c'est malheureusement ... arrive parfois.

Les indéfinis

ADJECTIFS ET PRONOMS INDÉFINIS

1

A/ Complétez les phrases par *on, tout le monde* :

1. J'ai acheté un kilo de fraises ; je me demande s'il y en aura assez pour ...

2. Tu es prêt ? Bon, alors ... y va !

3. « Qu'est-ce que vous avez fait hier soir ? – ... est allés au cinéma. »

4. La marche est un sport que ... peut pratiquer.

5. ... ne doit pas fumer dans cette salle.

6. La musique classique, ça ne plaît pas à ...

B/ Complétez par *quelqu'un, quelque chose, quelques-un(e)s, quelque part* :

1. ... a laissé son journal sur la banquette du train.
2. Les enfants n'ont pas mangé tous les chocolats ; il en reste encore ...
3. Il y a ... que je ne comprends pas dans ce mode d'emploi.
4. J'ai déjà rencontré cette dame ..., mais je ne sais plus où.
5. « Avez-vous encore des places pour le concert de demain ?
   – Oui, il y en a encore ... »
6. Je ne sais pas où se trouve la rue Mouffetard. Je vais demander à ...

2 Mettez les phrases à la forme négative en employant *ne ... personne*, *ne ... rien, ne ... nulle part* :

A/
1. J'ai quelque chose à faire.
2. Nous apporterons tout pour le pique-nique.
3. Il va tout dire.
4. Quelqu'un fume dans le couloir.
5. Elle raconte tout à son copain.

B/
1. J'ai tout compris.
2. Il a trouvé quelque chose à offrir à ses amis.
3. J'ai rencontré quelqu'un dans l'escalier.
4. Quelqu'un a dit quelque chose.
5. J'ai vu vos clés quelque part.

3

A/ Mettez les phrases à la forme négative :
1. Il y a quelque chose d'intéressant à visiter dans cette ville.
2. J'ai quelque chose d'autre à faire.
3. Elle connaît quelqu'un de compétent pour faire ce travail.
4. Il y avait quelqu'un de très connu dans la salle de l'Opéra-Bastille.

B/ Complétez les phrases par un adjectif :
1. Le dimanche, nous trouvons toujours quelque chose de ... à faire.
2. Tu connais Gaspard Dulong ? C'est quelqu'un de ...
3. Tout le monde riait ; il avait dit quelque chose de ...
4. Je me suis vraiment ennuyé à cette soirée ; il n'y avait personne de ...
5. Qu'as-tu fait pendant le week-end ? Rien de ...
6. Au cours de la conférence, le Président n'a rien dit de ...

4   **Complétez les phrases par *ne … aucun(e)* :**

1. Au marché aux Puces, nous avons vu quelques jolis bibelots mais finalement nous … en avons acheté …

2. … reproduction … peut rendre les couleurs exactes d'un tableau.

3. Vous pouvez vous baigner à cet endroit, il … y a … danger.

4. « Je ne pourrai pas arriver à 8 heures » – « Ça … a … importance, viens à 9 heures ! »

5. « Est-ce qu'il y a des tableaux espagnols dans ce musée ? » – « Non, il … y en a … »

5   **Répondez négativement selon le modèle :**

> *Tu as lu les trois livres que je t'avais prêtés ?*
> → *– Non, **aucun**. Non, je **n'**en ai lu **aucun**.*
>
> *Est-ce que tu as quelque chose à lire pendant le voyage ?*
> → *– Non **rien**. Non, je **n'**ai **rien** à lire.*

1. Est-ce qu'il reste quelques fruits pour le dessert ?
– Est-ce qu'il y a quelque chose pour le dessert ?

2. Est-ce que vous voyez un panneau au carrefour ?
– Est-ce que vous voyez quelque chose au bout du chemin ?

3. As-tu regardé plusieurs émissions à la télévision cette semaine ?
– As-tu regardé quelque chose à la télévision hier soir ?

6   **Imitez l'exemple :**

> *Avoir des amis français* (présent) → *J'ai **quelques** amis français, j'en ai **quelques-uns**.*
> → *J'ai **plusieurs** amis français, j'en ai **plusieurs**.*
> → *Je **n'**ai **aucun** ami français, je **n'**en ai **aucun**.*

1. Prendre des médicaments *(présent)*

2. Prendre des photos *(futur)*

3. Faire des gâteaux *(passé composé)*

4. Poser des questions *(plus-que-parfait)*

5. Y avoir des blessés dans l'attentat *(passé composé)*

7   **Imitez le modèle :**

> ***La plupart des** Français ont un téléviseur.* → ***Certains** en ont plusieurs.*
> → ***Quelques-uns** en ont plusieurs.*

1. La plupart des jeunes pratiquent un sport.

2. La plupart des appartements ont une salle de bains.

3. La plupart des écoles ont une salle de documentation.

4. La plupart des villes ont une gare.

5. La plupart des gens ont un frère ou une sœur.

8   **Mettez au pluriel les mots en caractères gras :**

A/   1. Il y a **un autre tableau** de Monet représentant la cathédrale de Rouen.

2. Il reste des biscuits. En veux-tu **un autre** ?

3. Cette robe ne me va pas. Je voudrais en essayer **une autre**.

B/   1. Ces trains font la navette entre Marseille et Aix. **L'un est direct**, **l'autre s'arrête** partout.

2. Regardez ces petites filles dans la cour. **L'une saute** à la corde, **l'autre joue** au ballon.

3. C'est moi qui ai planté ces rosiers. **L'un est blanc**, **l'autre est rouge**.

C/   1. Le petit Cyprien demande **une autre feuille de papier** pour faire des dessins.

2. Voulez-vous **un autre fruit** ?

3. Chez moi, la fenêtre de la chambre est très petite, mais **celle de l'autre pièce est plus grande**.

4. La nourrice a donné à Juliette **le jouet de l'autre petite fille** qu'elle garde.

5. Il y a un mariage ce matin à l'église. Il y en aura **un autre** cet après-midi.

9   **Complétez les phrases par *une autre, d'autres, certains, l'une, l'autre, les unes, les autres* :**

1. On trouve des clémentines au marché à partir de novembre ; … viennent de Corse, … d'Espagne ou du Maroc.

2. L'ampoule de cette lampe est grillée ; il faut en mettre …

3. Il n'y a qu'un étudiant dans la classe. Où sont donc … ?

4. Parmi les touristes, … voulaient acheter des souvenirs mais la plupart voulaient se reposer.

5. Joseph suggère que nous allions danser. Demandons quand même l'avis de … !

6. Ces chaussures me vont bien mais j'aimerais en voir …

7. Quelques étudiants de la classe veulent organiser une fête ; il faut en parler à …

8. Pour aller de Nice à Menton, il y a deux routes : … suit la côte, … passe par l'intérieur des terres.

10   **Complétez les phrases par *n'importe qui, n'importe quoi, n'importe où, n'importe quand, n'importe comment, n'importe lequel, n'importe quel(le)* :**

1. Il ne réfléchit pas assez. Il dit souvent …

2. Elle ne s'intéresse pas à la mode. Elle s'habille vraiment …

3. On peut se faire servir dans ce restaurant à … heure.

4. On ne cultive pas le riz sous … climat.

5. Cet enfant est trop confiant. Il suivrait … dans la rue.

6. Tous ces autobus vont à la Bastille. Vous pouvez prendre …

7. Vous pouvez passer …, il y a toujours quelqu'un à la maison.

8. Ne laisse pas traîner tes affaires … !

11 Complétez les phrases par *chaque*, *chacun(e)* :

1. L'hôtesse de l'air donne une carte d'embarquement à ... passager.
2. L'ophtalmologiste m'a dit de mettre deux gouttes de collyre dans ... œil.
3. Ne répondez pas tous en même temps ! ... son tour !
4. Mes filles ont ... leur chambre.
5. Dans ... des fermes de ce village, on accueille des vacanciers.
6. Distribue cinq cartes à ... joueur !
7. Les enfants passeront la journée en forêt. ... apportera son pique-nique.
8. Pour identifier les participants au colloque, on a donné un badge à ...

Tout : ADJECTIF, ADVERBE, PRONOM

12 Complétez les phrases par l'adjectif *tout*, *tous*, *toute(s)* :

A/
1. Hier, il a plu ... la journée.
2. ... ces travaux étaient nécessaires pour améliorer la sécurité de l'immeuble.
3. C'est l'hiver ; les arbres ont perdu ... leurs feuilles.
4. Presque ... les mots en « al » font leur pluriel en « aux ».
5. Il a fait ... ses études dans une université de province.
6. Vous n'arriverez jamais à faire ... ce travail en un après-midi.

B/
1. Maintenant, on peut acheter des tomates en ... saison.
2. ... homme est mortel.
3. L'entrée est interdite à ... personne étrangère au service.
4. Dans ce bar, on sert des plats chauds à ... heure.

13

A/ **Remplacez les mots en caractères gras par *tout ce* ou *tout ça* :**
1. Il est naïf ; il croit **toutes les histoires** qu'on lui raconte.
2. Je rangerai **mes cahiers, mes livres et mes stylos** cet après-midi.
3. Je suis pressé ; nous parlerons de **tous ces problèmes** plus tard.
4. Le petit Paul a reçu pour Noël **tous les jouets et les livres** qu'il demandait.

B/ **Complétez par *tous*, *toutes* :**
1. Ton armoire est pleine de vêtements ; donne ... ceux que tu ne mets plus !
2. Après la fête, j'ai trié les disques ; ... ceux-là sont à toi.
3. Cette ville a beaucoup de maisons anciennes ; presque ... celles qui sont autour de la cathédrale sont classées « monuments historiques ».
4. J'ai cueilli des pêches ; ... celles-là sont un peu abîmées, j'en ferai une compote.
5. L'examen se termine à midi ; ... ceux qui ont fini peuvent sortir.

14   **Imitez les exemples :**

> *Tous les enfants aiment les gâteaux.* → *Ils aiment **tous** les gâteaux.*
> *Tous les enfants ont aimé ce gâteau.* → *Ils ont **tous** aimé ce gâteau.*
> *Ils lisent toutes les bandes dessinées d'Astérix.* → *Ils les lisent **toutes**.*
> *Ils ont lu toutes les bandes dessinées d'Astérix.* → *Ils les ont **toutes** lues.*

1. Tous nos amis vont à la fête de la musique.
   – Tous nos amis sont allés à la fête de la musique.
2. Tous les étudiants écoutent attentivement le discours du président de l'université.
   – Tous les étudiants ont écouté attentivement le discours du président de l'université.
3. On remplacera toutes les statues de la façade de cette église en raison de la pollution.
   – On a remplacé toutes les statues de la façade de cette église en raison de la pollution.
4. Tu feras tous ces exercices.
   – Tu as fait tous ces exercices.
5. Elle lave tous les rideaux de la salle de séjour.
   – Elle a lavé tous les rideaux de la salle de séjour.

15   **Imitez l'exemple :**

> *Claude et Michel iront en Espagne cet été.* → ***Ils** iront **tous les deux** en Espagne cet été.*

1. Elsa et sa cousine sont allées faire du vélo en Bretagne.
2. Les trois bateaux sont arrivés en même temps au port.
3. Le Premier ministre et le Ministre des Finances se rendront au Parlement européen de Strasbourg.
4. Mon fils et ma fille jouent de la flûte.

16

A/   Imitez l'exemple en employant *tout* :

> *Elle a rangé **les verres, les assiettes et les couverts**.* → *Elle a **tout** rangé.*

1. Il vend **sa planche à voile et son matériel de plongée**.
   – Il a vendu **sa planche à voile et son matériel de plongée**.
2. En Italie, **les musées, les restaurants et le soleil** lui plaisent beaucoup.
   – En Italie, **les musées, les restaurants et le soleil** lui ont beaucoup plu.
3. M. Legrand répare **tous les objets cassés**.
   – M. Legrand a réparé **tous les objets cassés**.

B/   Imitez l'exemple :

> *Vous devez remplir **toutes ces feuilles** pour votre inscription.*
> → *Vous devez **tout** remplir.*

1. Avec cette colle, il est possible de coller **le verre, le bois et le plastique**.
2. Dans la cuisine, il faudra nettoyer **les placards, le réfrigérateur et la cuisinière**.
3. Mon mari sait faire **les travaux d'électricité, de plomberie et de menuiserie**.
4. Les parents de Véronique veulent toujours savoir **où elle a été, qui elle a vu, ce qu'elle a fait**.

17 **Complétez les phrases par le pronom *tout, tous, toutes* :**

1. J'ai acheté un magnétoscope et plusieurs cassettes ; j'ai … payé avec ma carte bleue.
2. Cette réforme a fait l'objet de nombreuses critiques ; elles n'étaient pas … justifiées.
3. Ne vous inquiétez pas ! … ira bien.
4. Vous connaissez vos voisins d'immeuble ? – Non, pas …
5. À Pompéi, … a été recouvert par la lave du volcan.
6. Les douaniers arrêtaient les voitures et ils les fouillaient …
7. Au Moyen Âge, les ponts de Paris étaient en bois ; de nos jours, presque … sont en pierre.
8. Prenez donc la lessive la moins chère ! Ce sont … les mêmes.
9. Dans certaines écoles, les élèves doivent … porter un uniforme.
10. Tu as des nouvelles de José ? Non, … ce que je sais, c'est qu'il rentre de vacances le 25 juillet.

18 **Remplacez l'adverbe en caractère gras par l'adverbe *tout, toute, toutes* :**

1. Il n'y a pas un nuage. Le ciel est **entièrement** bleu.
2. J'habite **très** près de la place du Trocadéro.
3. Les enfants ont construit **complètement** seuls une cabane dans la forêt.
4. Cette fillette est **très** intimidée parce qu'elle doit réciter un poème à la fête de l'école.
5. Tu as les mains **très** sales. Va te les laver !
6. Ces croissants sont excellents ; ils sont **très** frais.
7. Quelle pluie ! J'ai les pieds **très** mouillés.
8. Ils ont deux adorables petits garçons, **très** blonds et **très** bouclés.
9. Ce cerisier est très vieux ; il donne des cerises **très** petites mais délicieuses.
10. Elle était si fatiguée qu'elle s'est endormie **complètement** habillée.

19 **Complétez les phrases par *de toute façon, en tout cas, tout à l'heure, malgré tout, en tout, tout à coup, tout à fait, tout de suite* :**

1. Je serai là pour le déjeuner. À …!
2. J'ai appelé un taxi ; il est arrivé …
3. Vos arguments sont excellents ; je suis … de votre avis.
4. Arrivez quand vous pourrez ! …, moi, je serai là à 8 heures.
5. La maison était plongée dans un profond silence ; … on entendit un hurlement.
6. N'essaie pas de me convaincre ! … j'ai déjà pris ma décision.
7. Pour ses vingt ans, Amélie a invité quelques amis et sa famille ; ils étaient trente-deux …
8. Il a un emploi du temps surchargé ; il essaiera de venir …

Les prépositions

PRÉPOSITIONS APRÈS UN VERBE

1

A/ Complétez les phrases par *à* ou *de* devant le nom (attention à la contraction) :

1. Le Président a répondu ... toutes les questions des journalistes.
2. Lucie ressemble beaucoup ... sa mère.
3. De nombreuses personnes ont peur ... les orages.
4. Il faut te mettre ... le travail tout de suite.
5. Ce film plaît ... tous les amateurs d'histoires policières.
6. Nous pourrions profiter ... le beau temps pour emmener les enfants au zoo.
7. Pour s'inscrire ... l'université, il faut avoir obtenu le baccalauréat.
8. Nous irons peut-être à la campagne ; ça dépendra ... le temps.
9. Ce tableau de Renoir appartient ... une collection particulière.
10. Voulez-vous participer ... notre jeu-concours ?

B/   Trouvez des noms pour compléter les verbes :

> *Il a changé de ...*
> → *Il a changé d'avis, de voiture, de vêtements.*

1. Tu t'es trompé de ...

2. Vous manquez de ...

3. Il se plaint de ...

4. Elle s'occupe de ...

5. J'ai besoin de ...

2   Complétez les phrases par *de* ou par *à* devant l'infinitif :

1. Quel mois de juin ! Il n'arrête pas ... pleuvoir.

2. J'ai trop d'affaires ; je n'arrive pas ... fermer ma valise.

3. Je ne sais pas s'il acceptera ou s'il refusera ... venir avec nous.

4. Dépêche-toi ... finir ton travail !

5. L'enfant s'amusait ... faire des découpages.

6. C'est son père qui lui a appris ... conduire.

7. Nous avons décidé ... nous retrouver Place Saint-Michel samedi soir.

8. Mon frère hésite ... accepter ce poste à l'étranger.

9. Tâchez ... venir dîner ! Cela nous ferait plaisir.

10. J'ai réussi ... garer ma voiture du premier coup !

3   Complétez les phrases par *à*, *de* ou *par* :

1. Que penses-tu ... ma nouvelle robe ?
–   Quand on est loin de son pays, on pense ... sa famille et ... ses amis.
–   Pense ... fermer les volets avant de partir !

2. Elle nous a parlé ... son voyage en Russie.
–   Il a parlé ... le professeur de son fils.

3. Il joue tous les soirs ... le poker dans un petit café de son quartier.
–   Il joue très bien ... le saxophone.

4. Je me sers ... une cafetière électrique pour faire le café.
–   Le tréma sert ... séparer les deux voyelles d'une diphtongue.

5. Mon fils avait un an quand il a commencé ... marcher.
–   Commencez ... les exercices les plus faciles ; vous ferez les autres plus tard.

6. Quand je suis arrivé chez eux, ils n'avaient pas fini ... dîner.
–   Si tu continues ... rouler aussi vite, tu finiras ... avoir un accident !

PRÉPOSITIONS APRÈS UN ADJECTIF

4

A/ Complétez les adjectifs par la préposition *à* ou *de* :

1. Ce film est interdit ... les moins de 18 ans.
– Il est interdit ... parler au conducteur.
2. Le calcium est nécessaire ... la croissance.
– Pour aller dans de nombreux pays, il est nécessaire ... avoir un visa.
3. Vous avez une écriture impossible ... déchiffrer !
– Il est impossible ... travailler avec un tel bruit.
4. Certains produits chimiques sont dangereux ... manipuler.
– Il est dangereux ... allumer un feu dans une forêt.

B/ Faites des phrases avec *facile à, facile de ; intéressant à, intéressant de ; agréable à, agréable de ; important à, important de.*

5

A/ Complétez les adjectifs par la préposition *à, de, en, dans, pour* :

1. Où est mon passeport ? Je suis certaine ... l'avoir rangé dans mon secrétaire.
2. Quasimodo, le bossu de Notre-Dame, était amoureux ... la belle Esméralda.
3. À quatre ans, un enfant devrait être capable ... s'habiller tout seul.
4. Le salaire de mon mari est égal ... le mien.
5. Je suis désolé ... vous avoir fait attendre.
6. Chacun est responsable ... ses actes.
7. Les oranges sont riches ... vitamine C.
8. Neil Amstrong a été le premier homme ... marcher sur la lune.
9. Une journée, c'est suffisant ... visiter le Mont-Saint-Michel.
10. Cet institut est spécialisé ... la recherche sur le cancer.

B/ Faites des phrases avec *sûr de, semblable à, traduit en, content de, prêt à, différent de.*

LOCALISATION

6   Observez les exemples et répondez aux questions :

A/   *Je vais au Canada / Je viens du Canada.*
Je vais en Autriche / Je viens d'Autriche.
Je vais à Rome / Je viens de Rome.

1. Où iront les étudiants de votre classe cet été ?
2. D'où viennent les étudiants de votre classe ?

B/ 1. Où êtes-vous né(e) ? *(ville et pays)*

2. Où sont nés vos parents ? *(ville et pays)*

C/   *Kim (Cambodge, Pnom Penh)*
   → *Kim est né **au** Cambodge **à** Pnom Penh.*

1. Mustapha *(Maroc, Casablanca)*

2. Julia *(Argentine, Buenos Aires)*

3. Peter *(Angleterre, Londres)*

4. Pedro *(Mexique, Veracruz)*

5. Mary *(États-Unis, Dallas)*

6. Natacha *(Russie, Moscou)*

7. Noriko *(Japon, Kyoto)*

8. Jean *(France, Le Havre)*

9. Myriam *(Israël, Tel Aviv)*

10. Mohamed *(Égypte, Le Caire)*

D/ Continuez la liste.

PRÉPOSITIONS DIVERSES

7 **Complétez les phrases par la préposition qui convient :**

1. Nous irons à Rennes … voiture.
– J'ai mis les valises … la voiture.

2. Ne posez rien de lourd … la télévision !
– J'ai vu ce film … la télévision.

3. Charles sera … la maison ce soir ; tu pourras lui téléphoner.
– … la maison qu'ils ont achetée, il y a une magnifique cheminée ancienne.

4. J'ai acheté des croissants et des brioches … le boulanger.
– Je passerai … la boulangerie en rentrant.

5. … théâtre, les acteurs sont en contact direct avec le public.
– … ce théâtre, les places ne sont pas numérotées.

6. Le premier mai, on vend du muguet … la rue.
– Les piétons doivent marcher … le trottoir.

7. Nous sommes allés dîner … un restaurant près des Halles.
– … restaurant, hier soir, nous avons mangé un délicieux canard à l'ananas.

8. Les enfants vont … le jardin du Luxembourg le mercredi après-midi.
– Nous passerons … le jardin du Luxembourg pour aller à la Sorbonne.

9. L'arrêt de l'autobus allant vers la gare Montparnasse est … l'autre côté de la rue.
– « Viens t'asseoir … côté de moi ! »

10. Les programmes de la télévision sont annoncés … le journal.
– Les heures d'ouverture du nouveau magasin sont indiquées … le prospectus.

8 **Donnez le contraire des prépositions en caractères gras :**

1. Les habitants sont **pour** l'implantation d'une centrale nucléaire dans leur région.
2. Les Dupont habitent **au-dessus de** chez moi.
3. L'aéroport est **près de** la ville.
4. Le jardin se trouve **devant** la maison.
5. Il a répondu **avec** hésitation.
6. Le chat dort **sous** le fauteuil.
7. Les valises sont rangées **en haut du** placard.
8. Le terrain de volley-ball est **à l'intérieur du** lycée.
9. Le nouveau stade sera terminé **au début de** l'année prochaine.
10. Vous pourrez joindre la directrice à son bureau **avant** 15 heures.

9 **Complétez les phrases par la préposition qui convient :**

1. Ils se sont promenés ... toute la ville.
2. Vous devez régler votre inscription ... francs français, ... chèque ou ... espèces.
3. Le train est arrivé ... deux heures de retard.
4. J'ai rencontré Mathieu ... hasard, rue de Rivoli.
5. J'ai trouvé 10 francs ... terre.
6. La classe mesure 5 mètres de long ... 4 mètres de large.
7. En ce moment, ce magasin de sport fait 10 ... 100 de réduction sur le matériel de camping.
8. ... mon avis, tu ferais mieux de renoncer à cette idée.
9. Le prix d'entrée est ... 30 francs ... personne.
10. Il est recommandé de laver ce chemisier ... soie ... la main.

10 **Complétez les phrases :**

1. L'équipe de football de Caen jouera contre ...
2. Hier, tout le monde était là, sauf ...
3. Exceptionnellement, le magasin restera ouvert jusqu'à ...
4. Les fenêtres de mon studio donnent sur ...
5. Ma montre retarde de ...
6. Ne vous approchez pas de ...
7. Je me suis couché(e) à 5 heures du matin et je meurs de ...
8. Il y a 20 kilomètres entre ...
9. Nous avons un supermarché juste en face de ...
10. Ils ont fait une grande promenade le long de ...

11   **Reliez les deux colonnes en inscrivant les lettres correspondantes dans les cases :**

A   Dans un annuaire, les noms sont classés

B   L'hôtel des Invalides a été construit

C   Cet enfant est très mûr

D   Jean ne m'a pas reconnue, il m'a prise

E   Qui, ..., peut réciter ce poème par cœur ?

F   Il travaillait vite ; il avait tout fini

G   J'ai fait repeindre l'appartement

H   Le docteur Primard reçoit à son cabinet

I   Dans un texte écrit, on rapporte
les propos d'une personne

J   ..., de plus en plus de femmes
ont une activité professionnelle

☐   sous Louis XIV

☐   pour ma sœur

☐   entre guillemets

☐   au bout d'une demi-heure

☐   pour plus de 30 000 francs

☐   à partir de 15 heures

☐   d'après les statistiques

☐   pour son âge

☐   parmi vous

☐   par ordre alphabétique

Les adverbes

IL PARLE **COURAMMENT** SIX LANGUES

FORMATION DE L'ADVERBE

1 **Formez l'adverbe à partir de chacun des adjectifs :**

A/ *Lent* → *lentement*

seul	doux	complet	premier	sérieux
vif	certain	facile	normal	naturel

B/ *prudent* → *prudemment*   *méchant* → *méchamment*

évident	violent	fréquent	patient	récent
courant	suffisant	constant	bruyant	inconscient

C/ *vrai* → *vraiment*

modéré	poli	absolu	gai	gentil

EMPLOI DE L'ADVERBE

2 **Complétez les phrases par l'adjectif ou l'adverbe selon le cas :**

> *lent / lentement*
> *Le vieillard marchait à pas* ... → *Le vieillard marchait à pas **lents**.*
> *Le vieillard marchait* ... → *Le vieillard marchait **lentement**.*

1. *confortable / confortablement*

   Ce fauteuil n'est pas ...

   Il était ... installé dans un fauteuil et lisait le journal.

2. *gratuit / gratuitement*

   Aujourd'hui, notre magasin vous remet ... un paquet de lessive.

   Aujourd'hui, notre magasin vous remet un paquet de lessive ...

3. *objectif / objectivement*

   Ce journaliste a présenté un rapport très ... des faits.

   Ce journaliste a présenté les faits très ...

4. *bref / brièvement*

   Résumez ... cet article.

   Vous ferez un résumé très ... de cet article.

5. *rapide / rapidement*

   Dans cette brasserie, le service est très ...

   Passez me prendre à 12 h 30 ! On déjeunera ... avant d'aller aux courses à Longchamp.

6. *sec / sèchement*

   Il a répondu d'un ton ... que cela ne l'intéressait pas.

   Il a répondu ... que cela ne le concernait pas.

3 **Complétez les phrases soit par l'adjectif, soit par l'adverbe :**

> *(bas)*
> *Parlez à voix* ... *!* → *Parlez à voix **basse** !*
> *Parlez tout* ... *!* → *Parlez tout **bas** !*

1. *(bon)*

   Ces éclairs au chocolat sont ...

   Ces roses sentent ...

2. *(cher)*

   Un voyage en avion Concorde coûte ...

   Les perles fines sont plus ... que les perles de culture.

3. *(haut)*

   Quelle est la montagne la plus ... d'Europe ?

   Les aigles volent très ...

4. *(dur)*

   Le diamant est le plus ... des minéraux.

   Elle a travaillé ... pour entrer au Conservatoire National de Musique.

5. *(fort)*

   Dans ce magasin de vêtements, il y a un rayon « femmes ... ».

   Ne criez pas si ... ! On ne s'entend plus !

6. *(faux)*

   Elle chante ... comme une casserole !

   La police a découvert un important stock de ... pièces de dix francs.

7. *(vieux)*

   Elle fait ... !

   Elle est ...

8. *(droit)*

   La route était ..., bordée de platanes.

   « Où est la rue de l'Église ? – Continuez tout ... ! C'est la première à gauche. »

PLACE DE L'ADVERBE

4   **Mettez les phrases au passé composé :**

1. Il neige déjà.

2. Il pleut beaucoup.

3. Elle porte toujours des lunettes.

4. Ce plombier travaille très bien.

5. Vous ne mangez pas assez.

6. Je comprends mal votre explication.

7. M. Girodet parle peu.

8. Cet enfant apprend vite à lire.

9. Grâce à ce médicament, je dors mieux.

10. Il avoue enfin la vérité.

Les pronoms personnels

1 Dites ce que représentent les pronoms en caractères gras dans les dessins ci-dessus.

PRONOMS TONIQUES
moi, toi, lui/elle, soi
nous, vous, eux/elles

2 **Complétez les phrases par un pronom tonique :**

A/ 1. Pendant que, ..., tu étais en vacances, ..., je travaillais.

2. Cet été, je resterai chez mes parents et ..., qu'est-ce que vous allez faire ?

3. « Tu ne fumes pas, et ton mari ? – ... non plus. »

4. Le Président a répondu ...-même à cette lettre.

5. Nous avons le même âge mais elle paraît plus jeune que ...

6. Le professeur trouve l'exercice facile mais les étudiants, ..., ne sont pas de cet avis.

7. Pour la fête des Mères, les enfants feront ...-mêmes un gâteau.

8. Ce magasin vend des meubles à monter ...-même.

B/ 1. Tu n'oublieras pas de poster cette lettre ; je compte sur ...

2. On doit toujours avoir ses papiers d'identité sur ...

3. Madame Laurent voudrait partir ; avez-vous encore besoin de ... ?

4. Armand et moi, nous allons voir une exposition au Centre Pompidou ; venez donc avec ...

5. Pardon Monsieur, est-ce que je peux m'asseoir à côté de ... ?

LE PRONOM *en* (complément d'objet direct)

3 **Répondez affirmativement et négativement aux questions en employant le pronom *en* :**

A/ 1 Prenez-vous du café ?

2. As-tu des photos de ta famille à me montrer ?

3. Buvez-vous du thé aux repas ?

4. Est-ce que tu fais de la gymnastique ?

5. Est-ce qu'il manque des étudiants dans la classe aujourd'hui ?

B/ 1. Pierre a-t-il acheté une voiture ?

2. Connaissez-vous un homme politique français ?

3. Oh ! il pleut. Tu as un parapluie à me prêter ?

4. Est-ce qu'il y a une pharmacie près d'ici ?

5. Est-ce que vous avez trouvé une faute dans cette phrase ?

4 **Répondez avec le pronom *en* selon les indications données :**

1. Mettez-vous de la crème solaire ?
   – Oui, ... *(toujours)*
   – Non, ... *(jamais)*
   – Non, ... *(pas régulièrement)*
   – Oui, ... *(quelquefois)*

2. Prenez-vous des somnifères ?
   – Oui, ... *(de temps en temps)*
   – Oui, ... *(très souvent)*
   – Oui, ... *(tous les soirs)*
   – Non, ... *(jamais)*

3. Avez-vous déjà mangé des escargots ?
   – Oui, ... *(déjà deux ou trois fois)*
   – Non, ... *(jamais)*

4. Auriez-vous encore des places de théâtre pour ce soir ?
   – Non, ... *(ne ... qu'une)*
   – Non, ... *(plus une seule)*
   – Non, ... *(aucune)*
   – Oui, ... *(plusieurs)*

5. Faites-vous du sport ?
   – Oui, ... *(assez souvent)*
   – Oui, ... *(deux ou trois fois par semaine)*
   – Non, ... *(pas du tout)*
   – Non, ... *(jamais)*

5 **Complétez les phrases par *en + beaucoup, trop, assez, tellement, des tas, une autre, autant, plusieurs, ne ... aucune* :**

1. À Paris, des voitures, il y ... a ..., alors que des arbres, il n'y ... a pas ...

2. La piscine municipale date des années 80, elle est trop petite ; il faudrait ... construire ...

3. Des affiches pour la lutte contre le tabac, on ... voit ... en ce moment.

4. Voir tous les tableaux du musée d'Orsay, ce n'est pas possible, il y ... a ... !

5. Il y a plus d'un million d'habitants à Marseille ; je ne pensais pas qu'il y ... avait ...

6. Tu me demandes si j'ai des idées à te donner ! Je ... ai ... , bien sûr !

7. Tous les citoyens ne votent pas, je ... connais ... qui s'abstiennent.

8. Je cherche une lampe pour mon bureau ; je ... ... ai vu ... de vraiment bien.

6 **Imitez l'exemple :**

   Avez-vous trois frères ? Non, (un). → *Non, je **n**'en ai **qu'**un.*

1. Y a-t-il deux cathédrales à Paris ? – Non, *(une)*.

2. Tu prends deux sucres dans ton café ? – Non, *(un)*.

3. Est-ce que vous lisez plusieurs magazines par semaine ? – Non, *(un seul)*.

4. Tu as au moins une centaine de disques compact ? – Non, *(une soixantaine)*.

5. Est-ce que vous avez visité tous les pays d'Europe ? – Non, *(trois ou quatre)*.

LES PRONOMS *le, la, les* (compléments d'objet direct)

7

A/ Remplacez les mots en caractères gras par *le, la, les* :

1. La concierge nettoie **l'escalier de l'immeuble** le samedi.
2. Tu reliras **ce chapitre** pour demain.
3. Il a conduit **sa fille** chez le dentiste.
4. Avant les années 50, on ne connaissait pas **la télévision**.
5. Ce journaliste a pris **ces photos** au cours d'un voyage en Afrique.

B/ Répondez aux questions en employant *le, la, les* :

1. Est-ce que vous connaissez Monsieur Lefranc ?
2. Où votre père a-t-il rencontré votre mère ?
3. Quand écoutez-vous les informations ?
4. Quand faut-il que vous rendiez votre rédaction ?
5. Où range-t-on les couverts ?

8   *en* ou *le, la, les* ?

Remplacez les mots en caractères gras :

1. Il reçoit souvent **ses amis**.
– Il reçoit souvent **des amis**.
2. On fera **les courses** ensemble.
– On fera **des courses** ensemble.
3. J'ai lu **l'article de Pierre Clément**.
– J'ai lu **un article de Pierre Clément**.
4. Il aime **la bière**.
– Il boit **de la bière**.
5. Ils ont trouvé **l'appartement de leurs rêves**.
– Ils cherchent **un appartement à louer**.

9   **Répondez aux questions en employant le pronom qui convient :**

1. Connaissez-vous tous les étudiants de la classe ?
– Connaissez-vous quelques étudiants des autres classes ?
2. Avez-vous visité tous les monuments de Paris ?
– Avez-vous visité quelques monuments de Paris ?
3. Mettez-vous toutes vos photos dans un album ?
– Avez-vous quelques photos de votre famille sur vous ?
4. Est-ce qu'on a bu toutes les bouteilles de bourgogne ?
– Est-ce qu'il reste quelques bouteilles de bourgogne à la cave ?

10   **Complétez les phrases par *en* ou *le, la, les* :**

1. J'ai trouvé un porte-monnaie dans la rue et je … ai porté au commissariat.
2. Tiens ! Il n'y a plus de chocolats ! Je croyais qu'il … restait.
3. Mes voisins, je ne … rencontre jamais !
4. Pierre offre toujours du whisky à ses invités mais lui ne … boit jamais.
5. Elle aime beaucoup les jupes longues ; elle … a acheté une noire et elle … mettra samedi.
6. J'adore ce disque. Je … écouterais pendant des heures.
7. Antoine a été pris dans un embouteillage ; je … ai attendu plus de deux heures.
8. Elle n'avait plus de pommes de terre ; elle … a acheté et elle … a épluchées pour faire des frites.

En, y

11   ***en* : complément avec la préposition *de***

A/   Remplacez les mots en caractères gras par *en* :

1. Nous ne sommes pas sûrs **de l'heure du train**.
2. Tous les enfants ont peur **du noir**.
3. Il est sorti **de son bureau** à 18 heures.
4. Marion joue **du piano** tous les jours.
5. Il est revenu **de Tahiti** avec plein de photos.
6. Beaucoup de jeunes ont envie **de faire le tour du monde**.

B/   Trouvez ce que représente *en* :

> J'**en** ai besoin.
> → **de** la voiture, **de** ce dictionnaire, **d'**une carte de téléphone, etc.

1. Il s'**en** sert souvent.
2. On **en** parle beaucoup en ce moment.
3. J'**en** ai très envie.
4. Tu **en** es content ?
5. Nous **en** sortirons vers minuit.
6. Je m'**en** souviendrai toujours.

12   **Le pronom *y***

A/   Répondez aux questions en employant *y* :

1. Êtes-vous déjà allé en Auvergne ?
2. Victor Hugo a-t-il toujours habité à Paris ?
3. À quel âge les enfants entrent-ils à l'école dans votre pays ?
4. Est-ce que tu seras encore à Paris l'été prochain ?
5. Est-ce que tu iras à la patinoire samedi ?

B/ 1. Êtes-vous abonné à cette revue ?

2. As-tu pensé à l'anniversaire de ta mère ?

3. Avez-vous déjà joué au loto ?

4. Répondriez-vous volontiers à une enquête publicitaire ?

5. As-tu bien réfléchi à ce que je t'ai dit ?

13 **Complétez les phrases par *y* ou *en* :**

1. Ils connaissent bien l'Écosse parce qu'ils … ont vécu quelques années.

2. « Es-tu passé à la banque ? – Oui, je … viens. »

3. Sartre est né à Paris et il … est mort.

4. Tu n'as pas encore visité le Louvre ! Il faut absolument que tu … ailles.

5. La poste va fermer ; vas-… tout de suite !

6. Où sont tes crayons de couleur ? Je ne … vois plus que deux !

7. L'avion a atterri à Nouméa à 13 h 13 (heure locale) et il … repartira à 16 heures.

8. Cette bague me vient de ma grand-mère et je … tiens énormément.

9. Mon cousin Jean a une remarquable collection de timbres : il … est très fier.

10. Monter en haut de l'Arche de la Défense, bonne idée ! Je ne … avais pas pensé.

LES PRONOMS COMPLÉMENTS INDIRECTS (personnes)

14

A/ **Remplacez les mots en caractères gras par *lui*, *leur* ou *le*, *la*, *les* :**

1. Il regarde **Marie**.
– Il parle **à Marie**.

2. Elle gronde **l'enfant**.
– Elle sourit **à l'enfant**.

3. Elle écoute **son père**.
– Elle ressemble **à son père**.

4. Elle aime **ses parents**.
– Elle obéit **à ses parents**.

5. Nous invitons **nos amis**.
– Nous téléphonons **à nos amis**.

6. Il cherche **Béatrice**.
– Il répond **à Béatrice**.

B/ **Entourez la bonne réponse :**

1. J'écris souvent à Dominique.   Je la / lui écris.

2. Pierre aidera son frère.   Il l' / lui aidera.

3. Cette maison appartient aux Lafond.   Elle les / leur appartient.

4. J'attends Sophie.   Je l' / lui attends.

5. L'enfant regarde ses copains.   Il les / leur regarde.

6. Il a dit à ses amis de venir dîner.   Il les / leur a dit.

C/ **Remplacez les mots en caractères gras par *lui*, *leur* ou *à lui*, *à elle*, *à eux*, *à elles* :**

1. Il parle **à Jacqueline**.
– Il pense **à Jacqueline**.

2. Elle plaît **à Victor**.
– Elle tient **à Victor**.

3. Il a écrit **à ses grands-parents**.

4. Nous pensons très souvent **à nos parents**.

5. Adressez-vous **à ces vendeuses !**

15 **Remplacez les pronoms en caractères gras par ceux qui correspondent aux noms donnés entre parenthèses :**

> *Les Smith viennent **nous** voir / viennent **nous** rendre visite (les Dupont)*
> → *Les Smith viennent **les** voir / viennent **leur** rendre visite.*

1. Marie **te** quitte / **te** dit au revoir. *(Jacques)*

2. Georges **m'**aide / **me** rend service. *(Laurence)*

3. François **vous** dit merci / **vous** remercie. *(ses amis)*

4. Le Directeur **nous** interdit de fumer / **nous** empêche de fumer. *(les élèves)*

5. Louise **me** conseille / **me** donne des conseils. *(son petit frère)*

6. Le Président **vous** donne la parole / **vous** écoute. *(le conférencier)*

16 **Complétez les phrases par *le, la, les* ou *lui, leur* :**

1. Madame Derville était très chargée ; je ... ai aidée à porter ses paquets.

2. Mon ami Éric était de passage à Paris ; je ... ai rencontré dans la rue et je ... ai raconté mon voyage au Népal.

3. Il ne répond jamais quand on ... interroge sur sa vie privée.

4. Fernando était en France depuis six mois ; sa famille ... manquait beaucoup.

5. Agnès a rendez-vous avec sa sœur et son beau-frère à 15 heures et elle ... a dit qu'elle ... attendrait jusqu'à 15 h 30 seulement.

6. Mes enfants veulent se déguiser pour le Mardi gras ; je ... ai acheté des masques.

7. Je n'avais pas vu Olivier depuis dix ans ; je ne ... ai pas reconnu.

8. Aurélien est très amoureux de Dorothée. Comme il ne ... voit que tous les week-ends, il ... téléphone tous les soirs.

LES DOUBLES PRONOMS

17 **Imitez le modèle et mettez les phrases à la forme négative :**

> *Il m'a demandé un conseil.* → *Il **m'en** a demandé un.*
> *une explication.* → *Il **m'en** a demandé une.* } → *Il ne m'en a pas demandé.*
> *des renseignements.* → *Il **m'en** a demandé.*

1. Il m'a écrit un poème.
   une carte postale.
   des lettres.

2. Elle te montre   un livre.
                                une photo.
                                des photos de vacances.

3. Je lui donnerai   un ballon.
                                une raquette de tennis.
                                des balles de tennis.

4. Tu nous achèteras   un gâteau.
                                une brioche.
                                du pain.

5. Il vous fera   un cadeau.
                                une surprise.
                                des cadeaux.

6. Leurs parents leur ont offert   un bateau.
                                une tente.
                                du matériel de camping.

7. Elle se met   du parfum.
                                de la crème.

18   **Imitez le modèle et mettez les phrases à la forme négative :**

Il me donne   ce livre.   → *Il **me le** donne.*   → *Il ne **me le** donne pas.*
               cette écharpe.   → *Il **me la** donne.*   → *Il ne **me la** donne pas.*
               ces disques.   → *Il **me les** donne.*   → *Il ne **me les** donne pas.*

1. Il me présente   son fils.
                                sa femme.
                                ses amis.

2. Elle t'a apporté   ce bouquet.
                                cette plante verte.
                                ces roses.

3. Ils nous prêtent   leur appartement.
                                leur voiture.
                                leurs bicyclettes.

4. Nous vous montrerons   le centre Pompidou.
                                la tour Eiffel.
                                les monuments de la ville.

5. Elle lui a vendu   ce canapé.
                                cette commode.
                                ces fauteuils.

6. Je leur ai appris   ce poème.
                                cette chanson.
                                ces chansons.

7. Elle s'achètera   ce sac.
                                ces chaussures.

19   **Répondez aux questions en employant les pronoms qui conviennent :**

1. Est-ce que tu enverras une carte postale à ta grand-mère ?
   – Est-ce que tu enverras cette carte postale de Paris à ta grand-mère ?
2. Est-ce que la secrétaire vous a donné des renseignements ?
   – Est-ce que la secrétaire vous a donné les renseignements que vous cherchiez ?
3. Comment Pierre s'est-il cassé le bras ?
4. Quand me donnerez-vous votre réponse ?
5. Est-ce que tu as bien payé le loyer à la propriétaire ?
6. Est-ce que tous les parents donnent de l'argent de poche à leurs enfants ?

20   **Complétez les phrases par les pronoms qui conviennent :**

1. Yves a pris une excellente photo de toi ; il ... ... montrera la prochaine fois que tu viendras.
2. Alexandre n'est pas au courant de nos projets mais je ... ... parlerai ce soir.
3. Voici une lettre pour Mme Lheureux. Pourriez-vous ... ... donner de ma part ?
4. J'ai prêté des cassettes à ma sœur mais elle ne ... ... a pas encore rendues.
5. Elle a les cheveux fragiles et elle ... ... lave avec un shampooing spécial.
6. Puisque tu aimes le thé vert, je ... ... apporterai demain.
7. Nous avons dîné dans un excellent restaurant ; nous ... ... recommandons.
8. L'aspirateur fait un drôle de bruit. Ne ... ... servez pas !

21   **Remplacez les mots en caractères gras par le pronom qui convient :**

1. J'emmène **les enfants à la piscine** le mercredi.
2. Nous t'accompagnerons **à l'aéroport** si tu veux.
3. Elle s'est inscrite **à l'université Paris IV** la semaine dernière.
4. Je m'intéresse beaucoup **à l'archéologie**.
5. On s'amuse toujours **dans cette discothèque**.

PRONOMS À L'IMPÉRATIF

22   **Complétez les phrases par le pronom qui convient :**

A/ 1. Julien n'est pas là. Attendons-... encore un peu !
    2. Il n'y a plus de fruits. Achètes-..., s'il te plaît !
    3. Voilà les photos du mariage. Regarde-... !
    4. Je vous parle très sérieusement ; écoutez-... !

5. Lise n'est pas encore rentrée ; rappelle-... plus tard !

6. Il est déjà 10 heures ; lève-... !

7. Nous n'avons pas assez de disques pour la soirée de samedi ; apportez-... quelques-uns !

8. Si nous ne sommes pas là à 8 heures, ne ... attendez pas et mettez-... à table !

B/ 1. J'ai soif. Donne-... un verre d'eau, s'il te plaît !

2. Nous serons en Corrèze en juillet. Dites-... quand vous pourrez venir !

3. Les Leroux nous invitent dimanche. Demande-... à quelle heure nous pouvons arriver !

4. « Ah ! Monsieur Charlier me demande ! Répondez-... que je ne suis pas là ! »

23 **Complétez les phrases par les pronoms qui conviennent :**

A/ 1. Les Masson adorent les chocolats ; offre-... ... une boîte !

2. Je voudrais des tranches de jambon ; donnez-... ... quatre !

3. Nous aussi, on aimerait bien manger du gâteau ! Laisse-... ... un peu !

4. Thierry n'a plus de feuilles de papier ; passe-... ... une !

B/ 1. Nous n'avons pas ton adresse. Donne-... ... !

2. Vous avez fait un voyage en Inde. Racontez-... ... !

3. Les voisins m'avaient laissé leurs clés. Ils viennent de rentrer. Rapporte-... ..., s'il te plaît !

4. Georges n'a pas vu notre piscine. Montrons-... ... !

PLACE DU PRONOM COMPLÉMENT D'UN INFINITIF

24 **Remplacez les mots en caractères gras par le pronom qui convient :**

A/ 1. Je sais jouer **aux échecs**.

2. Beaucoup de gens aiment regarder **les jeux télévisés**.

3. Va chercher **les enfants** à 5 heures !

4. Finalement, je ne vais pas aller **au Chili** cet hiver.

5. Je viens de retirer **de l'argent** pour le week-end avec ma carte de crédit.

B/ 1. Nous avons fait repeindre **notre appartement**.

2. À la terrasse d'un café, c'est amusant de regarder passer **les gens**.

3. Tout le monde a entendu parler **de cette catastrophe**.

4. Attention ! Vous avez laissé tomber **votre carte orange**.

5. J'ai vu sortir **Pierre**.

C/   1.   J'ai entendu sonner **le téléphone**.

2.   Je voudrais bien féliciter **Marie** pour son baccalauréat.

3.   N'oublie pas que tu dois acheter **une enveloppe grand format**.

4.   Elle ne pourra pas parler **de cette question au directeur** avant la semaine prochaine.

5.   Tu me feras penser **à mon rendez-vous chez l'avocat** !

LES PRONOMS NEUTRES *le, en, y*

25

A/   **Complétez les phrases par *le* et dites ce qu'il représente :**

1.   « Pourquoi n'est-il pas venu hier ? » – « J'aimerais bien ... savoir. »

2.   Je devrais arrêter de fumer ; on me ... a souvent dit.

3.   Il a quarante-cinq ans ; on ne ... croirait jamais !

4.   Comment tout cela va-t-il se terminer ? Je me ... demande.

5.   « Comment fait-on marcher cet appareil ? Explique-...-moi ! »

B/   **Remplacez le mot en caractères gras par *le* :**

1.   La porte n'est pas encore ouverte, elle ne sera **ouverte** qu'à 8 heures.

2.   Il est devenu président de son club de tennis il y a cinq ans et il est encore **président**.

3.   Quand nous sommes rentrés, la télévision était allumée ; elle était sans doute restée **allumée** depuis le matin.

4.   Les étudiants sont-ils tous étrangers ? Non, ils ne sont pas tous **étrangers**.

5.   Elle était très timide quand elle était petite mais elle n'est plus du tout **timide** maintenant.

26   **Remplacez les mots soulignés par le pronom qui convient :**

> J'ai défendu <u>aux enfants</u> <u>de faire du patin à roulettes</u> sur le trottoir.
> → Je **le leur** ai défendu.

1.   Noriko m'a promis <u>de me rapporter un appareil photo du Japon</u>.

2.   Ses parents lui interdisent <u>de faire de l'auto-stop</u>.

3.   Dis-lui <u>de nous téléphoner ce soir</u> !

4.   Quand elle aura passé son permis de conduire, ses parents lui permettront <u>de prendre leur voiture</u>.

5.   On m'a conseillé <u>de consulter un spécialiste à l'hôpital Cochin</u>.

6.   Vous direz <u>à votre fils</u> de ne pas laisser son vélo dans l'entrée de l'immeuble.

7.   Nous proposerons <u>à Sylvie et à Aurélien</u> de venir dîner dimanche.

8.   Au moment du décollage et de l'atterrissage, on demande <u>aux passagers</u> d'attacher leur ceinture.

27 **Remplacez les mots en caractères gras par *en* ou *y* :**

1. Je m'aperçois trop tard **de mon erreur**.
– Je me suis aperçu **que je m'étais trompé**.
2. Elle est toujours sûre **de ce qu'elle affirme**.
– Je suis sûr **qu'il y a un TGV pour Montpellier à 8 heures du matin**.
3. Je ne m'attendais pas **à ce résultat**.
– Il ne s'attendait pas **à recevoir une réponse aussi rapide**.
4. Il ne s'est pas rendu compte **des conséquences de son acte**.
– Tout le monde se rend compte **que l'ordinateur est en train de transformer la vie quotidienne**.
5. Nous sommes ravis **de sortir avec vous ce soir**.
– Je suis ravie **que ma robe te plaise**.
6. Je n'avais pas pensé **à ce problème**.
– Il faut absolument que tu penses **à t'inscrire avant le 15 juin**.

28 **Complétez les phrases :**

A/ À la poste :

« Avez-vous encore des timbres sur le débarquement du 6 juin 1944 ?

– Non, nous ne … avons plus depuis longtemps mais je … ai beaucoup d'autres à … proposer. Regardez !

– Je … connais presque tous mais pas cette série-là sur les provinces françaises. Elle … plaît beaucoup. Donnez-… … une, s'il vous plaît. »

B/ Au guichet de la SNCF :

« Bonjour, Monsieur, j'ai pris un billet de TGV pour Montpellier mais finalement, je ne vais pas pouvoir … utiliser. Est-ce que je peux … … faire rembourser ?

– Oui Monsieur, bien sûr, donnez-…-…, je vais … annuler, mais vous perdrez tout de même le montant de la réservation. »

C/ À la banque :

« Excusez-… Madame, ma carte bleue a été avalée par le distributeur. Qu'est-ce que je dois faire pour … récupérer ?

– Revenez demain matin avec une pièce d'identité. On … … rendra. »

D/ À la sortie d'un cours :

« Bonjour, Jean, Comment vas-tu ?

– Pas mal, et … ? Ça fait longtemps que je ne … ai pas vu. Qu'est-ce que tu deviens ?

– Ça va, merci. Je suis allé comme je … … avais dit à la montagne. Je … suis allé avec Paul et Denis. Tu … connais, je … … ai présentés le jour de mon anniversaire. Leurs parents ont un chalet à Morzine et ils … … ont prêté. C'était formidable. J'ai pris beaucoup de photos.

– Ah oui ! Montre-… … !

– Je ne … ai pas sur …, je … … apporterai demain au cours. »

Les pronoms relatifs

1 Dites ce que représentent les pronoms en caractères gras dans les dessins ci-dessus.

PRONOMS RELATIFS *qui, que, dont, où*

2 *qui, que*

A/ Reliez les phrases par *qui* :

1. J'attends les enfants ; les enfants rentrent à 5 heures.
2. Isabelle prend des leçons de piano avec un professeur. Ce professeur habite près de chez elle.
3. Adressez-vous à l'employé ; il est au guichet 15.
4. C'est un appareil ; il sert à faire des jus de fruits.
5. Je te conseille de prendre cette petite route ; elle est très pittoresque.

B/ Reliez les phrases par *que* :

1. On m'a donné un chien ; j'ai appelé ce chien Médor.
2. Nous irons dîner dans un restaurant ; Guy et Catherine nous ont recommandé ce restaurant.
3. Tu te rappelles ce film ? Nous avons vu ce film ensemble l'année dernière.
4. Je te présente Camille ; je l'ai rencontrée pendant les vacances.
5. J'adore ce disque ; tu me l'as offert pour mon anniversaire.

C/ Reliez les phrases par *qui* ou *que* :

1. C'est ta cousine ... j'ai aperçue à la bibliothèque ?
2. Je regrette, monsieur, le passeport ... vous me présentez n'est plus valable.
3. Vous venez de dire quelque chose ... m'intéresse beaucoup.
4. Dans ce mode d'emploi, il y a quelque chose ... je ne comprends pas du tout.
5. L'histoire ... Marc m'a racontée est invraisemblable.
6. Quel est l'acteur ... joue le rôle de Cyrano dans *Cyrano de Bergerac* ?
7. La Thaïlande est un pays ... j'aimerais beaucoup visiter.
8. Le train ... j'ai pris pour aller à Nancy a eu une heure de retard.
9. Vous connaissez le nouveau directeur ? C'est quelqu'un ... a beaucoup d'autorité.
10. Ce mini-ordinateur, ... vient d'être lancé sur le marché, n'est vraiment pas cher.

3 Mettez le verbe au temps indiqué :

1. Tu as raison, c'est moi qui *(avoir, présent)* tort.
2. Nicolas et toi qui *(habiter, présent)* Paris depuis toujours, vous ne connaissez pas la rue du Chat-qui-pêche ?
3. C'est nous qui *(arriver, passé composé)* les premiers hier.
4. Ma sœur et moi qui *(aimer, présent)* beaucoup le cinéma, nous y allons au moins une fois par semaine.
5. C'est moi qui *(se lever, futur)* demain matin pour aller chercher des croissants.

4 *dont*

A/ Reliez les phrases par *dont* :

1. Ce passage est tiré d'un roman ; j'ai oublié le titre de ce roman.

2. Il s'est inscrit à un cours de guitare ; il en est très content.

3. Paul avait inventé un jeu ; les règles de ce jeu étaient très simples.

4. On a restauré cette église ; la façade de cette église était très abîmée.

5. C'est une chanson anglaise ; je ne comprends pas toutes les paroles de cette chanson.

6. Antoine a déjà acheté tous les disques de ce chanteur ; on parle beaucoup de ce chanteur en ce moment.

7. J'ai acheté un vélo tout-terrain. Je m'en sers le dimanche en forêt de Chantilly.

8. Je vais te rendre ta perceuse électrique. Je n'en ai plus besoin.

B/ Complétez les phrases :

> *C'est un film très drôle ... (parler de)*
> → *C'est un film très drôle **dont** tout le monde parle en ce moment.*

1. Ses parents lui ont offert la planche à voile ... *(avoir envie de)* depuis longtemps.

2. Paméla travaille dans une famille où il y a trois enfants ... *(s'occuper de)* tous les soirs.

3. Il a eu un très grave accident de voiture ... *(ne pas être responsable de)*

4. Nos voisins ont un énorme chien ... *(avoir très peur de)*

5. C'est un scandale politique ... *(entendre beaucoup parler de)*

C/ Reliez les phrases par *dont* :

> *C'est un roman policier. **Son** intrigue est très compliquée.*
> → *C'est un roman policier **dont** l'intrigue est très compliquée.*

1. Regarde cette revue de géographie ; ses photos sont superbes.

2. Tu connais Basile ? Sa sœur est hôtesse de l'air à Air France comme moi.

3. Voici les Bargeot ; leurs enfants vont en classe avec les nôtres.

4. Nous venons d'acheter un appartement ; toutes ses fenêtres donnent sur le Luxembourg.

5. Cécile a rencontré un jeune Allemand ; sa famille est d'origine française.

D/ Complétez par *que* ou *dont* :

1. C'est un gâteau ... je fais très souvent.
   – C'est un gâteau ... une amie m'a donné la recette.

2. On m'a donné un chat ... les yeux ne sont pas de la même couleur.
   – Le chat ... on m'a donné n'a pas les yeux de la même couleur.

3. Traverser l'Atlantique à la rame, c'est un exploit ... tout le monde n'est pas capable.

4. Ce vaccin ... on est en train d'expérimenter, sera mis en vente dans un an.

5   *où* : localisation dans l'espace.

A/   **Reliez les phrases par *où* :**

1. Le Périgord est une région de France ; on produit beaucoup de foie gras dans cette région.
2. Nous allons nous installer à Strasbourg ; mon mari travaillera au Parlement européen à Strasbourg.
3. Renault a construit une usine en Espagne ; on y fabrique des R 5.
4. Les Laforêt ont organisé une fête ; nous y avons rencontré des gens très sympathiques.
5. Un verger est un endroit ; on y cultive des arbres fruitiers.

B/   **Complétez les phrases par *d'où*, *par où*, *là où*, *partout où* :**

1. Quand tu auras fini de coudre, tu remettras les ciseaux ... tu les as pris.
2. Notre guide connaît très bien les endroits ... il faut passer pour éviter les avalanches.
3. Il a gardé l'accent de la région ... il vient.
4. Cet acteur est si célèbre qu'on le reconnaît ... il va.
5. En haut de la tour Montparnasse se trouve un restaurant ... on peut apercevoir tout Paris.
6. Il est intéressant de connaître le latin et le grec ... proviennent la plupart des mots français.

6   *où* : localisation dans le temps.

Reliez les phrases par *où* :

1. Notre voiture est tombée en panne un jour ; il pleuvait des cordes ce jour-là.
2. J'étais en Floride une année ; il y a eu un très violent cyclone cette année-là.
3. Chopin est mort à une époque ; on ne savait pas guérir la tuberculose à cette époque-là.
4. Cet été, nous avons fait une sortie en bateau un après-midi ; il y avait un vent fou cet après-midi-là.
5. C'est un couche-tard ! Il se met au lit à une heure ; d'autres personnes se lèvent à cette heure-là.

PRÉPOSITION + *qui*
PRÉPOSITION + *lequel, laquelle, lesquels, lesquelles*

7   **Reliez les phrases par le pronom qui convient :**

A/   1. L'architecte a fait venir le chef de chantier M. Lenoir ; il voulait poser quelques questions à M. Lenoir.
     2. J'ai rencontré les Murat ; je leur ai annoncé la naissance de mon petit-fils Paul.

3. Je vous présente les Rollin; nous avons fait un voyage en Argentine avec eux l'hiver dernier.

4. C'est un garçon très sérieux; on peut avoir confiance en lui.

5. J'aime beaucoup ma tante Albertine; je passais toujours mes vacances chez elle, dans mon enfance.

6. Lucie attend avec impatience la réponse de la directrice; elle lui a envoyé son curriculum vitae.

B/ 1. Voici un plan de Paris; les sens uniques sont indiqués sur ce plan.

2. Mon oncle prend tous les soirs un médicament; il ne peut pas dormir sans ce médicament.

3. C'est une photo de famille; je tiens beaucoup à cette photo.

4. Assortir sa cravate à son costume, c'est un détail; il n'y pense jamais.

5. Pour les élections présidentielles, la télévision a organisé de nombreux débats; tous les candidats y ont participé.

6. Dans le grenier, les enfants ont trouvé de vieux vêtements; ils vont se déguiser avec ces vêtements.

7. On vient d'ouvrir un supermarché. Il y a un parking de 500 places derrière ce supermarché.

8. Je vais vous indiquer la route. Il faudra passer par cette route.

9. Cette dame russe avait dans son salon une icône. Une bougie brûlait toujours devant cette icône.

10. James Bond vit une pierre. Il cacha le microfilm sous cette pierre.

8 Reliez les phrases par le pronom qui convient :

*Il aime se promener sur les quais de la Seine ; on trouve beaucoup de bouquinistes **le long de ces quais**.*

→ *Il aime se promener sur les quais de la Seine **le long desquels** on trouve beaucoup ...*

1. Le lac d'Annecy est un lac magnifique; il y a de hautes montagnes autour de ce lac.

2. Pour aller à Versailles prenez cette avenue; vous trouverez le château au bout de cette avenue.

3. *Madame Bovary* est un roman de Flaubert; l'héroïne se suicide à la fin du roman.

4. À l'entrée du vieux port, il y avait un phare; beaucoup de vacanciers venaient pêcher près de ce phare.

5. Tu trouveras facilement ce petit magasin; à côté de ce magasin, il y a un cinéma.

6. C'est une route de forêt; on a aménagé des espaces pour pique-niquer au bord de cette route.

7. Le Premier ministre a donné une conférence de presse; il a défendu son plan de modernisation industrielle au cours de cette conférence.

8. En rangeant une armoire, j'ai trouvé des lettres de ma grand-mère; il y avait des fleurs séchées au milieu de ces lettres.

9

A/ Reliez les phrases :

C'est un ami.   Je le connais depuis longtemps.

                               Tu peux compter sur lui.

                               Il habite Lyon.

                               Je lui écris souvent.

                               J'ai confiance en lui.

                               Je sors souvent avec lui.

                               Sa sœur est journaliste à la télévision.

C'est un livre.   Il m'a passionné.

                               Il y a de très jolies photos dedans.

                               Le professeur nous a conseillé de le lire.

                               Le professeur nous en a conseillé la lecture.

                               J'y tiens beaucoup.

                               Son succès est immense.

                               J'ai été interrogé à l'examen sur ce livre.

B/ Imitez l'exercice A en complétant les phrases :

1. C'est un appareil …   3. C'est un professeur …

2. C'est une école …   4. C'est une ville …

PROPOSITION RELATIVE INCISE

10 **Transformez les phrases selon les modèles donnés :**

A/   *La robe … (je viens de l'acheter) me plaît beaucoup.*
        → *La robe **que** je viens d'acheter me plaît beaucoup.*

1. Le jouet … *(on vient de l'offrir à la petite Amélie)* est déjà cassé.

2. Le concert … *(nous devions y assister hier soir)* a été annulé.

3. Mathieu … *(il n'avait pas vu Sophie depuis des années)* l'a rencontrée au théâtre.

4. La patronne du restaurant … *(j'y déjeune presque tous les jours)* est une excellente cuisinière.

5. Le dernier roman de Le Clézio … *(on en a parlé à la radio)* a beaucoup de succès.

B/   *Le couteau était rouillé ; je me suis coupé avec ce couteau.*
        → *Le couteau **avec lequel** je me suis coupé était rouillé.*

1. La maison des Landru n'était pas assurée contre l'incendie ; elle a brûlé la nuit dernière.

2. La moto coûte vraiment très cher ; mon fils en a envie.

3. Le coiffeur est parti en vacances ; je vais d'habitude chez ce coiffeur.

4. Cet article est une bonne analyse de la situation politique de la France ; le professeur nous a lu cet article hier.

5. La piscine est entourée d'un très joli jardin ; je vais me baigner régulièrement dans cette piscine.

PRONOM DÉMONSTRATIF + PRONOM RELATIF

11

A/ Complétez les phrases par *celui, celle, ceux, celles* suivi d'un pronom relatif :

> « *Tu t'es tricoté un nouveau chandail ?*
> → – *Non, c'est* **celui que** *ma mère m'a donné.* »

1. Il y avait des poires au marché, j'ai choisi … … étaient les plus mûres.

2. Il n'y a que 51 cartes dans ce jeu ; où est … … manque ?

3. Monique m'a apporté un beau livre sur le Brésil ; c'est … … je lui avais demandé.

4. J'ai perdu mon stylo à quatre couleurs, … … je me servais tout le temps.

5. Philippe triait de vieux papiers ; il gardait … … étaient encore utiles et jetait … … il n'avait plus besoin.

B/ Complétez les phrases par *ce qui, ce que, ce dont* :

1. Tu devrais écouter … … je te dis.

2. C'était un enfant insupportable, ses parents lui laissaient faire tout … … il voulait.

3. Il y a un monde fou dans la rue ; je ne sais pas … … se passe.

4. Catherine a mis dans sa valise … … elle aura besoin pour son séjour à la montagne.

5. On dit que les femmes conduisent moins bien que les hommes. Ce n'est pas du tout … … je pense.

C/ Complétez les phrases :

1. Je n'ai pas encore fini tout ce que …

2. Tu vois ce vase bleu dans la vitrine, c'est celui que …

3. Lisez bien tout ce qui …

4. Quelle jupe prends-tu finalement ? – La noire parce que c'est celle qui …

5. Elle m'a raconté tout ce que …

6. Les pompiers sont en bas de chez moi ; je me demande ce qui …

7. J'ai vu plusieurs marques de crayons de couleur ; j'ai choisi ceux qui …

8. Ma grand-mère nous a demandé ce dont … comme cadeau de Noël.

12   **Complétez les phrases par le pronom qui convient :**

1. Nous irons certainement un jour dans ce pays … nous ne sommes jamais allés.

2. Nous irons certainement un jour dans ce pays … nous n'avons jamais visité.

3. Allez voir au Louvre le célèbre tableau de Géricault ... représente le « Radeau de la Méduse » !

4. J'ai un problème. Voici ce ... il s'agit.

5. Je n'aurais pas dû acheter cette caméra trop lourde ... je ne me sers jamais.

6. Nous avons retrouvé des photos sur ... on voit comment était la maison du temps de nos grands-parents.

7. C'est une occasion ... vous devriez profiter.

8. Tu connais Bruges, n'est-ce pas ? Dis-moi ce ... il y a à voir !

9. De tous les romans de Camus, quel est celui ... tu préfères ?

10. À Montmartre, sur la place du Tertre, il y a toujours des peintres ... font le portrait des touristes.

13   **Complétez les phrases :**

1. C'est un acteur qui ...

2. C'est un acteur que ...

3. Pour bien voir les vitraux de la cathédrale de Chartres, il faut y aller un jour où ...

4. Mes parents sont venus trois jours à Paris ; c'est la raison pour laquelle ...

5. Les randonneurs avaient mis dans leur sac à dos tout ce dont ...

6. J'ai revu les amis avec qui ...

7. L'appartement que ... donne sur le Champ de Mars et la tour Eiffel.

8. Ce film dont ... a été primé au festival de Cannes.

9. Les journalistes qui ... ont pris de grands risques.

10. Le restaurant où ... propose un menu bon marché à midi.

14   **Complétez les phrases par le pronom qui convient précédé d'une préposition, si cela est nécessaire :**

A/ L'île Saint-Louis est restée, en plein cœur de Paris, un endroit tranquille ... j'aime me promener. Elle se trouve à côté de l'île de la Cité ... elle est reliée par un pont. La rue Saint-Louis-en-l'île, ... la traverse de part en part, est bordée de nombreux hôtels du XVIIe siècle, ... les façades ont été récemment restaurées.

B/ Le village ... habitent nos amis se trouve près de Deauville. Ils m'ont indiqué sur la carte la route ... il faut passer pour y aller. J'y resterai le temps ... il faudra pour me reposer. Leur maison, ... tu as vu des photos, est une ancienne ferme. Les gens ... la leur ont vendue demeurent maintenant à Brest, ville ... tu connais bien.

15   **Reliez les éléments suivants en utilisant un pronom relatif :**

> *employé / aimable / s'adresser à*
> → *L'employé **à qui** je me suis adressé était aimable.*

1. lettre / recevoir de Camille / faire plaisir.

2. mannequin / présenter la collection d'hiver / mesurer 1,80 mètre.

3. fête / ambiance / sympathique / durer jusqu'au matin.

4. club de tennis / faire partie de / organiser un tournoi samedi prochain.

5. enfant / jouet / montrer / avoir envie de.

6. ami / avec / partir en croisière / passionné de la mer.

7. ouvrir / tiroir / au fond de / trouver un paquet de vieilles cartes postales.

8. conférence / assister à / intéressante.

9. ville / habiter / ne pas avoir d'université.

10. vin / commander / livré à domicile.

LE SUBJONCTIF DANS LA PROPOSITION SUBORDONNÉE RELATIVE

16   **Mettez le verbe au mode et au temps convenables :**

1. J'ai acheté un chemisier qui *(aller)* très bien avec ma jupe bleue.
– Je cherche un chemisier qui *(aller)* bien avec ma jupe bleue.

2. On demande une caissière qui *(avoir)* deux ou trois années d'expérience.
– La Direction a engagé une caissière qui *(avoir)* deux années d'expérience.

3. C'est un des rares restaurants de la ville qui *(être)* ouvert après minuit.
– C'est un restaurant qui *(être)* ouvert toute la nuit.

4. Dans tous ces articles en solde, je n'ai rien trouvé qui me *(plaire)*.
– Pendant les soldes, j'ai acheté un manteau qui me *(plaire)* beaucoup.

5. C'est un bon film que je *(voir)* la semaine dernière.
– C'est le meilleur film que je *(voir)* cette année.

L'interrogation

LA FORME INTERROGATIVE

1 **Imitez l'exemple :**

> *Le train de Bordeaux est arrivé.*
> → ***Est-ce que*** *le train de Bordeaux est arrivé ?* (langue courante)
> → *Le train de Bordeaux **est-il** arrivé ?* (langue soutenue)
> → *Le train de Bordeaux est arrivé ?* (intonation)

A/ 1. Vous étudiez le français depuis longtemps.

2. Ton ami prépare le même examen que toi.

3. Xavier prend le train de 8 h 16 ou de 8 h 30.

4. On peut entrer dans cette école sans le baccalauréat.

5. Tu n'es pas d'accord avec moi.

B/ 1. Jacques a eu raison de changer de situation.

2. Les Forestier ont habité longtemps à Lille.

3. Hélène aura fini son travail à 8 heures.

4. Le beau temps va enfin revenir.

5. Tu as fait réparer les robinets de la salle de bains.

LES MOTS INTERROGATIFS

2   **Posez la question :**

A/   *Je pars demain (quand)*
→ **Quand est-ce** *que vous partez ?* (langue courante)
→ **Quand** *partez-vous ?* (langue soutenue)

1. Elle a pris des leçons de dessin aux Beaux-Arts. *(où)*
2. Nous avons vu ce film hier soir. *(quand)*
3. On joue à la canasta avec deux jeux de cartes. *(comment)*
4. Il pèse 80 kilos. *(combien)*
5. Je n'ai pas téléphoné parce que je suis rentré trop tard. *(pourquoi)*

B/   *Les enfants partent demain (quand)*
→ **Quand est-ce** *que les enfants partent ?* (langue courante)
→ **Quand** *partent les enfants ?* (intonation)
→ **Quand** *les enfants partent-ils ?* (langue soutenue)

1. Christophe habite à Rouen. *(où)*
2. Irène et Marc vont se marier cet été. *(quand)*
3. Hubert est tombé en montant sur le toit. *(comment)*
4. Une place de cinéma coûte 35 francs. *(combien)*
5. Ce petit garçon pleure parce qu'il a perdu son ballon. *(pourquoi)*

C/ Posez la question en employant les mots interrogatifs utilisés en A et B :

1. Je m'appelle Pierre.
2. Il coûte 150 francs.
3. Parce que j'ai mal à la tête.
4. Ce film dure deux heures et demie.
5. Ça va bien, merci, et toi ?
6. Nous irons en avion.
7. Ils se sont rencontrés il y a trois mois.
8. Parce qu'elle veut devenir interprète.
9. Nous irons passer nos vacances en Normandie comme d'habitude.
10. Elle est en France depuis deux semaines.

3   **Posez les questions en suivant les indications données :**

A/ *Qui est-ce ? / Qu'est-ce que c'est ?*

1. C'est l'un de mes beaux-frères.
2. C'est un chêne.
3. C'est la directrice du lycée.
4. C'est un appareil pour râper les légumes.
5. Ce sont des dentelles faites par mon arrière-grand-mère.

B/ *Qui ... ? Qui est-ce qui ... ? / Qu'est-ce qui ... ?*

1. C'est un coureur français qui a gagné le Tour de France.
2. C'est Maria Callas qui chante.

3. C'est la lampe qui est tombée.

4. C'est la machine à laver qui fait ce bruit.

5. Ce sont les cloches de l'église Saint-Martin qui sonnent.

6. Ce sont les étudiants qui ont monté cette pièce.

C/ *Qui …? Qui est-ce que …?*
Que …? Qu'est-ce que …?

1. J'ai invité Suzanne et Nathalie.

2. Elle a répondu qu'elle ne pouvait pas venir.

3. Je ne ferai rien de spécial.

4. Elle épouse un ami d'enfance.

5. Je pense que c'est un bon roman.

6. Je voudrais un morceau de gruyère et une douzaine d'œufs.

D/ Préposition + *qui …?* **/ Préposition +** *quoi …?*

1. Je pars en vacances avec des cousins.

2. Cette statue est en marbre.

3. J'ai été interrogé sur l'économie de la région Rhône-Alpes.

4. Elle est en train d'écrire à ses parents.

5. Nous parlons des avantages et des inconvénients de cette méthode.

6. On peut enlever cette tache avec de l'alcool à 90 degrés.

4 **Trouvez la question :**

1. C'est un cadeau pour Sophie.

2. C'est le frère de ma cousine Marielle.

3. Ils ont reçu leurs voisins Paul et Béatrice.

4. Je ne pense à rien.

5. C'est Vincent qui a apporté ces fleurs.

6. Il ne s'est rien passé d'extraordinaire.

7. Je fais la grasse matinée puis je sors avec des amis.

8. Nous avons discuté de la dernière conférence du Président.

9. Nous parlions d'amis communs.

10. Elle est partie en excursion avec Éric.

5 **Posez la question en employant** *quel*, *quelle* :

1. Il est **midi**.

2. Elle prend le train **à 22 h 14**.

3. Je suis levé **depuis 7 heures du matin**.

4. On peut l'appeler **à partir de 9 heures du matin**.

5. J'y vais **le mardi**.

6. Elle est **japonaise**.

7. Il est **bleu marine**.

8. Elles fleurissent **en été**.

6   **Complétez les phrases par *quel* ou *lequel* en faisant l'accord nécessaire :**

> *Vous avez vu presque tous les films de Fellini ;*
> → ***lequel** préférez-vous ?*
> → ***quel** est celui que vous préférez ?*

1. Il y a plusieurs restaurants grecs au Quartier Latin.
   ... me conseilles-tu ?
   ... est celui que tu me conseilles ?

2. Regarde ces deux robes !
   ... choisirais-tu ?
   ... est celle que tu choisirais ?

3. Il y a beaucoup de monuments à Paris.
   ... avez-vous visités ?
   ... sont ceux que vous avez visités ?

4. J'ai tous les opéras de Verdi.
   ... veux-tu écouter ?
   ... est celui que tu veux écouter ?

5. Vous avez répondu à toutes les questions ?
   ... vous ont paru difficiles ?
   ... sont celles qui vous ont paru difficiles ?

oui OU *si* ?

7   **Répondez affirmativement aux questions en employant *oui* ou *si* :**

1. C'est possible de déplacer ce rendez-vous ?
– Ce n'est vraiment pas possible de déplacer ce rendez-vous ?

2. Tu as déjà visité Vienne ?
– Est-ce que tu n'aimerais pas aller à Vienne ?

3. Auriez-vous la monnaie de 100 francs ?
– Vous n'auriez pas la monnaie de 100 francs ?

4. Est-ce que vous êtes fatigués ?
– Vous n'êtes pas fatigués ?

8   **Thierry annonce à ses parents qu'il veut épouser une jeune fille chinoise. Imaginez les questions des parents.**

La négation

NÉGATION DU VERBE

1 **Mettez les phrases à la forme négative :**

A/ 1. J'ai envie de sortir ce soir.

2. Il avait faim.

3. Bill reviendra en France l'été prochain.

4. Partez tout de suite !

5. Elle aimerait habiter à la campagne.

B/ 1. Elle aime les animaux.

2. Il met du sucre dans son café.

3. Dans ce vieil immeuble, il y a un ascenseur.

4. Il écoute la radio.

5. Ce sont des gens très sympathiques.

C/ 1. J'y suis allé.

2. Il les a vus.

3. La réunion a commencé à l'heure.

4. J'ai bien entendu les explications du guide.

5. Nous avons trouvé une voiture à un prix intéressant.

2 **Même exercice :**

A/ *Il aime le vin et la bière.* → *Il n'aime ni le vin ni la bière. Il n'aime pas le vin ni la bière.*

1. Il regarde les émissions sportives et les jeux télévisés.

2. Mon médecin reçoit le mardi et le samedi.

3. Cette année, il a fait beau au printemps et en été.

4. En ce moment, j'ai le temps d'aller au cinéma et au théâtre.

B/ *Il boit du vin et de la bière.* → *Il ne boit ni vin ni bière. Il ne boit pas de vin ni de bière.*

1. Dans ce magasin, j'ai trouvé une ceinture et un foulard à mon goût.

2. Je prendrai du fromage et un dessert.

3. Suzanne a acheté des cerises et des fraises.

4. Dans cette petite cuisine, il y a un four et un lave-vaisselle.

3 **Imitez l'exemple :**

Je ne vais pas aller à Versailles. Je regrette de ... → *Je regrette de ne pas aller à Versailles.*

1. Henri ne retrouve pas ses clés. Il est très ennuyé de ...

2. Je ne mange pas de pain. Je préfère ...

3. Christine ne veut pas être en retard. Elle se dépêche pour ...

4. Ne te trompe pas ! Fais attention à ...

5. Je n'ai pas le temps de voir cette exposition. Je regrette de ...

4 **Mettez les phrases à la forme négative :**

A/
1. Sa blessure est déjà guérie.
– On a déjà vu de la neige à Paris en juin.

3. Nous mangeons souvent des fruits.
– Je dîne quelquefois dans ce restaurant.

2. Tiens ! Il pleut encore.
– Il habite toujours chez ses parents.

4. Tu fais toujours les courses le samedi.
– Marie me bat toujours aux échecs.

B/
1. France-Musique a déjà diffusé ce concert de musique de chambre.

2. Les cours de droit de première année ont encore lieu dans l'amphithéâtre Sully.

3. Dans notre enfance nous allions parfois au bord de la mer.

4. Nous sommes déjà allés en Norvège.

5. Je regarde souvent la télévision après le dîner.

6. Il boit toujours son whisky avec des glaçons.

5 **Répondez aux questions en imitant le modèle :**

« *Y a-t-il des prunes dans la corbeille ? – Non, (il n'y en a) pas une seule.* »
« *Y a-t-il encore des prunes dans la corbeille ? – Non, (il n'y en a) plus une seule.* »

1. As-tu quelques billets de 50 francs ?

2. As-tu encore quelques pièces de 1 franc ?

3. Est-ce qu'on trouve encore à Paris des maisons éclairées au gaz ?

4. Est-ce qu'elle parle une langue étrangère ?

5. Est-ce qu'il y a encore des yaourts dans le réfrigérateur ?

6 **Répondez en employant *Non, pas du tout* ; *Non, plus du tout* ou *Non, rien du tout* :**

1. Est-ce qu'il parle français ?

2. Est-ce qu'il a compris quelque chose ?

3. Est-ce que tu es fatigué ?

4. Vous voulez boire quelque chose ?

5. Est-ce qu'il reste encore du pain ?

6. Est-ce que tu continues à fumer ?

7 **Répondez négativement aux questions en imitant le modèle :**

*« Je n'ai pas fait ma rédaction, et toi ? – **Moi non plus !** »*
*« J'ai fait ma rédaction, et toi ? – **Non, pas moi !** »*

1. Cet étudiant n'a pas compris les explications du professeur, et les autres ?

2. Denis va faire des études de médecine, et sa sœur ?

3. Madame Lambert ne prend jamais l'avion, et son mari ?

4. Nous irons passer nos vacances en famille, et vous ?

5. Je n'irai pas au mariage d'Alain, et toi ?

6. Il n'aime pas beaucoup sortir le soir, et son amie ?

LA PRÉPOSITION *sans*

8 **Imitez l'exemple :**

A/ *Solange n'a rien dit et elle est sortie.* → *Solange est sortie **sans** rien dire.*

1. Ils n'ont pas dit « au revoir » et ils ont quitté la pièce.

2. Le malade est resté deux jours au lit et il n'a rien mangé.

3. Elle a passé la journée chez elle et elle n'a vu personne.

B/ *L'élève a rendu une dictée et il n'avait aucune faute.*
→ *L'élève a rendu une dictée **sans** aucune faute.*

1. Roberto a obtenu son visa et il n'a eu aucune difficulté.

2. Nous avons loué un appartement et il n'a aucun confort.

3. Mon voisin m'a raconté une histoire ; elle n'avait aucun intérêt.

EMPLOI DE *ne... que*

9   Imitez l'exemple :

A/   *Il fume **seulement** des cigarettes brunes.*
         → *Il **ne** fume **que** des cigarettes brunes.*

1. Au petit déjeuner, Myriam a pris seulement du café.
2. Dans cette région, on cultive seulement des céréales.
3. Nous sommes arrivés seulement à minuit passé.
4. Il me reste seulement deux photos à prendre.
5. Ces boucles d'oreilles coûtent seulement 100 francs.

B/   Complétez les phrases en imitant l'exemple :

   Le TGV est très rapide, il ...
   → *Le TGV est très rapide, il **ne** met **que** deux heures pour faire Paris-Lyon.*

1. Elle est végétarienne, elle ...   3. Leur appartement est très petit, il ...
2. C'est un égoïste, il ...   4. Ce spectacle est très court, il ...

10   Complétez les phrases en imitant le modèle :

   *Les plats sont tout préparés ; il **n**'y a **qu**'à ...*
   *Les plats sont tout préparés ; il **n**'y a **qu**'à les réchauffer.*

1. Si tu es fatigué, tu n'as qu'à ...
2. La vaisselle est faite, il n'y a qu'à ...
3. Tu n'as pas réussi ton examen, tu n'avais qu'à ...
4. Si tu ne veux pas venir dîner samedi, tu n'as qu'à ...
5. Le dernier métro vient de passer, on n'a plus qu'à ...
6. Les valises sont prêtes, il n'y a plus qu'à ...

NÉGATION LEXICALE

11   Donnez le contraire des adjectifs en utilisant un des préfixes donnés :

A/ *im / in / il / ir* :

1. une phrase correcte   3. un nombre pair
– une histoire vraisemblable   – un accident prévisible
– une réaction compréhensible   – une personne patiente

2. une écriture lisible   4. un verbe régulier
– un acte légal   – un projet réalisable

B/ *mal / mé*

1. un air content   2. des gestes adroits
– un artiste connu   – un enfant heureux

Auxiliaire
et accord du participe passé

Speech bubbles:
- La dinde, je l'ai mise au four il y a deux heures, elle doit être cuite maintenant.
- Tu as encore oublié d'allumer le four!

AUXILIAIRE *avoir*

1

A/ Mettez le verbe au passé composé :

1. Elle *(travailler)* jusqu'à minuit.

2. Le ministre de l'Éducation nationale et le ministre de la Culture *(participer)* à ce débat.

3. Nous *(ramasser)* des feuilles mortes dans le jardin.

4. Caroline et Marion *(repeindre)* leur chambre.

B/ Accordez le participe passé avec le complément d'objet direct :

1. Ces livres, je **les** ai déjà *(lu)*.

2. Voici Marie, je **l'**ai *(rencontré)* à Deauville.

3. Nous avons écouté avec attention le projet **qu'**il nous a *(exposé)*.

4. Voilà les cassettes **que** j'ai *(acheté)* pour toi.

2   **Mettez les verbes au passé composé et faites l'accord si nécessaire :**

1. L'enfant *(lire)* dans sa chambre jusqu'à 9 heures.
– L'enfant *(lire)* cette histoire plusieurs fois.
– Il la *(relire)* hier.
– Cette histoire qu'il *(relire)* plusieurs fois lui plaît toujours autant.

2. Une chorale *(chanter)* hier à la salle des fêtes.
– La chorale *(chanter)* des chants folkloriques.
– Les chants folkloriques qu'elle *(chanter)* n'étaient pas tous en français ; mais elle les *(chanter)* tous très bien.

3   **Accordez le participe passé si nécessaire :**

A/ 1. Je cherchais mes cartes postales du Mont-Saint-Michel ; je les ai *(retrouvé)* dans un tiroir.
– Je cherchais des cartes postales anciennes ; j'en ai *(trouvé)* chez un bouquiniste.

2. Les pains au chocolat de cette boulangerie sont délicieux ; j'en ai *(acheté)* pour le goûter des enfants.
– J'ai acheté des pains au chocolat et je les ai *(apporté)* aux enfants à la sortie de l'école.

B/ 1. Florence est à Paris en ce moment ; je l'ai *(rencontré)* chez Patrick, mais je ne lui ai pas beaucoup *(parlé)*.

2. Le professeur nous a *(emmené)* au musée du Louvre et il nous a *(montré)* toutes les nouvelles salles.

3. Ces chansons, je les ai *(appris)* dans mon enfance.
– Mes parents étaient très fiers quand je leur ai *(appris)* que j'avais obtenu mon brevet de parachutisme.

C/ – Attention ! Tu as *(fait)* tomber tes lunettes !
– Attention à tes lunettes ! Tu les as *(fait)* tomber.
– Attention ! Tu vas marcher sur tes lunettes que tu as *(fait)* tomber !

AUXILIAIRE *être*

4   **Mettez le verbe au passé composé :**

1. Ils *(partir)* pour l'Allemagne.
2. Nous *(rester)* tout l'été à Paris.
3. Quand *(arriver)*-vous ?
4. Mon oncle *(venir)* dîner dimanche.
5. Après le film *L'Ange bleu*, Marlène Dietrich *(devenir)* très célèbre.

être OU *avoir* ?

5   **Mettez le verbe entre parenthèses au passé composé :**

1. Ma voiture *(tomber)* en panne à 10 kilomètres de Valence ; heureusement, un garagiste *(venir)* me dépanner très rapidement.

2. Notre fille *(naître)* le jour de Pâques ; c'est pourquoi nous la *(appeler)* Pascale.

3. Thomas *(grandir)* tellement que ses vêtements de l'an dernier *(devenir)* trop petits.

4. Les cambrioleurs *(entrer)* chez moi par le balcon et ils me *(voler)* mes bijoux, ma chaîne stéréo et mon magnétoscope.

5. Stéphanie et Christophe *(aller)* en Chine cet été. Ils *(partir)* avec un groupe de jeunes. Ils *(prendre)* le Transsibérien et *(arriver)* à Pékin le 1er août. Là, des guides les *(emmener)* visiter les principaux sites touristiques et les *(conduire)* jusqu'à la Grande Muraille. Le groupe *(rester)* là-bas une bonne quinzaine de jours ; tous *(rentrer)* enchantés.

6   **Même exercice :**

1. À quelle heure *(rentrer)*-vous hier soir ?
– Comme c'était la fin de l'été, nous *(rentrer)* les meubles de jardin.

2. Tous les passagers *(descendre)* de l'avion.
– Je *(descendre)* l'escalier en courant pour répondre au téléphone.

3. La concierge *(monter)* le courrier à 9 heures.
– Je *(monter)* à pied parce que l'ascenseur était bloqué entre deux étages.

4. Samedi soir, Marie-Agathe *(sortir)* avec Alexandre.
– *(Sortir)*-tu les valises du coffre de la voiture ?

5. Il *(retourner)* voir ce film plusieurs fois.
– Je *(retourner)* la cassette pour écouter l'autre face.

6. *(Passer)*-vous de bonnes vacances ?
– Nous avons pris le métro et nous *(passer)* par Denfert-Rochereau pour aller à Nation.

7   **Mettez le verbe à l'imparfait, au participe passé ou à l'infinitif :**

1. *(passer)*
   – Le temps ... sans apporter de changements à la situation.
   – Les personnes âgées aiment parler du temps ...
   – Vous devez ... un test avant d'entrer dans cette école.

2. *(serrer)*
   – En France, on a l'habitude de se ... la main pour se dire « bonjour ».
   – On apercevait un petit village avec ses maisons ... autour de la vieille église.
   – L'enfant ... une bille dans sa main.

3. *(tomber)*
   – Les fruits … doivent être ramassés rapidement, sinon ils pourrissent.
   – L'homme courait, …, puis se relevait l'air épuisé.
   – Cet escalier est dangereux. Faites attention à ne pas …

4. *(fermer)*
   – Le soir, il … toujours la porte à double tour.
   – C'est important de bien … la boîte pour conserver le parfum du thé.
   – « Allongez-vous, les yeux … » dit le professeur de yoga.

5. *(laver)*
   – Autrefois, on … tout le linge à la main.
   – Il ne faut pas … ce vêtement en machine.
   – Voici vos chemises … et repassées.

8 **Complétez les phrases par un participe passé et faites l'accord si nécessaire :**

1. Corinne n'a plus sa voiture. Elle l'a … à son amie Marianne.
2. C'était le mois d'août. Beaucoup de Parisiens étaient … en vacances.
3. Il n'y a plus de neige. Elle a …
4. Où sont mes clés ? Je crois que je les ai …
5. Tu as vu ma raquette de tennis ? Je l'avais … sur la table de l'entrée.
6. Hier, j'ai acheté deux disques compacts, mais je ne les ai pas encore …
7. Comme il faisait chaud, nous avons … un pot à la terrasse d'un café.
8. La télévision est tombée en panne, il l'a … réparer.
9. Le boulevard était sombre parce que les réverbères n'étaient pas encore …
10. Est-ce que tu as bien … les lampes avant de partir ?

La forme passive

Le roman "Les Misérables"
a été écrit par *Victor Hugo.*

FORME PASSIVE AVEC UN COMPLÉMENT D'AGENT

1 **Mettez la lettre A devant les phrases à la forme active et la lettre P devant les phrases à la forme passive :**

1. Le pont du Gard a été construit par les Romains. ☐
2. Le docteur Chollet soigne mes enfants depuis leur naissance. ☐
3. Le brouillard recouvrait peu à peu la vallée. ☐
4. Nous avons été retardés par le mauvais temps. ☐
5. Une équipe de journalistes a réalisé un reportage sur la sécheresse en Afrique. ☐
6. Cet été, Caroline est invitée au bord de la mer par une amie. ☐

2 **Mettez les phrases à la forme passive** (respectez les temps) **:**

> *Un copain de Marie habite le studio du sixième étage.*
> → *Le studio du sixième étage **est habité** par un copain de Marie.*

A/ Beaucoup de téléspectateurs regardent cette émission.
Imparfait : ...
Passé composé : ...
Plus-que-parfait : ...
Futur : ...
Futur proche : ...
Passé récent : ...

B/ Les éditions Hachette publient les romans de cet auteur en livre de poche.
Imparfait : ...
Passé composé : ...
Plus-que-parfait : ...
Futur : ...
Futur proche : ...
Passé récent : ...

A/ Mettez les phrases à la forme passive :

1. Le Directeur des Ressources Humaines recevra les candidats au poste de chef-comptable.

2. Les citoyens élisent les députés.

3. Tes amis m'ont accueilli avec beaucoup de gentillesse.

4. Cette nouvelle les avait bouleversés.

5. Ce film m'a déçu.

B/ Mettez les phrases à la forme active :

1. La politique gouvernementale a été vivement critiquée par les journalistes.

2. Ma fille va être opérée par le docteur Leblond.

3. Est-ce que ses frais d'hospitalisation lui seront remboursés par la Sécurité sociale ?

4. Une comète vient d'être observée par les astronomes.

5. Selon Homère, la belle Hélène avait été enlevée par Pâris.

FORME PASSIVE SANS COMPLÉMENT D'AGENT

A/ Mettez les phrases à la forme passive :

On recherche ce terroriste depuis plusieurs mois.
→ *Ce terroriste **est recherché** depuis plusieurs mois.*

1. On attend des milliers de visiteurs au Salon de l'Automobile.

2. On vient de cambrioler la maison des Lupin.

3. On retransmettra ce concert en direct du Festival d'Aix-en-Provence.

4. On a découvert une des causes de cette allergie.

5. Quand va-t-on ouvrir ce château au public ?

6. A-t-on réglé ce problème ?

B/ Mettez les phrases à la forme active :

1. Dans cette école, les élèves de moins de dix-sept ans ne sont pas admis.

2. Est-ce que les tableaux volés ont été retrouvés ?

3. Un parking souterrain va être construit dans le quartier.

4. Il faudrait que l'hôpital soit agrandi.

5. Ce roman vient d'être traduit en français.

6. Le Pont-Neuf a été construit sous Henri IV.

5   Actif ou passif ? Imitez le modèle :

> *Le spectacle (commencer) il y a un quart d'heure.*
> → *Le spectacle **a commencé** il y a un quart d'heure.*
> *Le spectacle (commencer) depuis un quart d'heure.*
> → *Le spectacle **est commencé** depuis un quart d'heure.*

1. Le magasin *(fermer)* il y a cinq minutes.
   – Le magasin *(fermer)* depuis cinq minutes.

2. L'enfant *(finir)* tous ses devoirs en une heure.
   – Tous ses devoirs *(finir)*.

3. *(Éteindre)*-tu toutes les lampes en partant ?
   – Toutes les lampes *(éteindre)*.

4. Je *(casser)* mon réveil hier.
   – Mon réveil *(casser)*.

5. Il *(publier)* sa thèse il y a quatre ans.
   – Sa thèse *(publier)* depuis quatre ans.

COMPLÉMENT D'AGENT INTRODUIT PAR « *de* »

6   Composez des phrases à la forme passive en utilisant les éléments donnés :

> *Être couvert(es) de feuilles mortes.*
> → *Le sol **était couvert** de feuilles mortes.*

1. Être bordé(es) d'arbres.

2. Être rempli(es) de vieux papiers.

3. Être équipé(es) d'un système d'alarme.

4. Être entouré(es) d'une grille.

5. Être suivi(es) de la préposition « de ».

6. Être accompagné(es) de gardes du corps.

7. Être décoré(es) de fresques du XVe siècle.

8. Être composé(es) de trois parties.

9. Être apprécié(es) des jeunes.

10. Être connu(es) de tout le monde.

7   **Imitez le modèle :**

> *Qui a écrit Le Petit Prince ?*
> → *C'est Antoine de Saint-Exupéry qui **a écrit** Le Petit Prince.*
> → *Le Petit Prince **a été écrit** par Antoine de Saint-Exupéry.*

1. Qui a découvert le radium ?
2. Qui a peint le tableau « *Impression, soleil levant* » ?
3. Qui a composé « *La Marseillaise* » ?
4. Qui gouvernait votre pays l'année dernière ?
5. Qui porte le kimono ?

8   **Composez des phrases avec les éléments donnés :**

> *Les enfants / décorer / arbre de Noël*
> → *Les enfants **ont décoré** l'arbre de Noël.*
> → *L'arbre de Noël **a été décoré** par les enfants.*

1. *Le Père Goriot* / Balzac / en 1834 / écrire.
2. Le soir du 14 juillet / un feu d'artifice / tirer.
3. Samedi prochain / livrer / votre canapé.
4. Hier / un avion / des terroristes / détourner.
5. Le retour des astronautes / la NASA / vers 13 heures / prévoir.
6. La nuit dernière / abattre / un grand sapin / le vent.
7. En 1889 / construire / Gustave Eiffel / la tour Eiffel.
8. Bientôt / installer / dans cet immeuble / un interphone.
9. Les résultats du concours / afficher / demain.
10. La police / le voleur / retrouver / hier.

9   **Reformulez ces titres de journaux en une phrase à la forme passive :**

> *Suspension des négociations entre les deux pays en guerre.*
> → *Les négociations entre les deux pays en guerre **sont suspendues**.*

1. Aujourd'hui, nomination du Premier ministre.
2. Découverte d'une grotte préhistorique en Dordogne.
3. Dans deux mois, fin de la construction de la nouvelle autoroute.
4. Rachat des Magasins Primo par la société Valentin.
5. Ouverture prochaine d'une bibliothèque-médiathèque dans le quartier de la Croix-Rouge.

La forme pronominale

Elle s'habille.　　　　Elle est habillée.

EMPLOI DE LA FORME PRONOMINALE

1 **Les verbes ne changent pas de sens**

A/ **Complétez les phrases par la forme verbale convenable :**

1. *demander / se demander*
   – … ce renseignement au guichet 5 !
   – Je suis en retard ; je … si je ne ferais pas mieux de prendre un taxi.

2. *perdre / se perdre*
   – Hier, je … mes gants.
   – La première fois que j'ai pris le métro à Londres, je …

3. *ennuyer / s'ennuyer*
   – Personne ne danse, il n'y a aucune ambiance, tout le monde …
   – Jean n'aime pas les mathématiques ; ça le …

4. *cacher / se cacher*
   – L'écureuil … ses provisions pour l'hiver dans le creux d'un arbre.
   – Les enfants adorent …

B/ **Imitez l'exercice A avec les verbes suivants :**

1. promener / se promener
2. téléphoner / se téléphoner
3. laver / se laver
4. amuser / s'amuser

2   **Les verbes changent de sens.**

A/ Complétez les phrases par la forme verbale convenable :

1. *sentir / se sentir*
   – Ouvrez les fenêtres ! ça ... le tabac.
   – J'ai la tête qui tourne ; je ne ... pas très bien.

2. *trouver / se trouver*
   – Le Havre ... à l'embouchure de la Seine.
   – On ... beaucoup de champignons dans cette forêt.

3. *mettre / se mettre*
   – Il est 9 heures ; c'est l'heure de ... au travail.
   – Il est midi ; c'est l'heure de ... le couvert.

4. *apercevoir / s'apercevoir*
   – Quand le temps est clair, on ... la chaîne des Pyrénées.
   – En enlevant son manteau, il ... qu'il avait mis son chandail à l'envers.

B/ Imitez l'exercice 2A avec les verbes suivants :

1. rappeler / se rappeler

2. passer / se passer

3. plaindre / se plaindre de

4. servir / se servir de

3   **Complétez les phrases par le verbe pronominal ou par le verbe *être* + participe passé** :

1. *se lever / être levé*
   – Demain, le soleil ... à 6 heures.
   – Je suis fatigué(e) : je ... depuis 5 heures du matin.

2. *s'asseoir / être assis*
   – ... à côté de moi !
   – Jennifer ... sur le canapé et regardait la télévision.

3. *se coucher / être couché*
   – Nous ... déjà ... quand Stéphanie est arrivée.
   – Nous ... généralement vers 11 heures.

4. *se marier / être marié*
   – « Êtes-vous célibataire ? – Non, je ... et j'ai trois enfants. »
   – Ils ont décidé de ... l'été prochain.

5. *s'abîmer / être abîmé*
   – Ces fruits ... trop ... : il faut les jeter.
   – Les fraises sont des fruits qui ... très vite.

6. *s'occuper / être occupé*
   – Le directeur ... ; il ne peut pas vous recevoir maintenant.
   – Allez voir cette personne ! c'est elle qui ... des cartes de crédit.

7. *s'arrêter / être arrêté*
   – La pendule ... depuis plusieurs jours : il faut la réparer.
   – Ce TGV ne ... pas entre Paris et Lyon.

8. *s'habiller / être habillé*
   – Il fait très froid ! ... chaudement !

9. *se coiffer / être coiffé*
   – Cette actrice ... par Saint-Laurent.
   – Qui t'a coupé les cheveux ? Tu ... très bien ...
   – Je me suis cassé le bras et j'ai beaucoup de mal à ...

10. *se terminer / être terminé*
    – Le cours ... dans trois semaines.
    – Depuis que le cours ... , je vais plus souvent au cinéma.

LE VERBE PRONOMINAL À SENS PASSIF

4 **Transformez les phrases selon le modèle donné :**

> *On parle l'anglais dans beaucoup de pays.*
> → *L'anglais **se parle** dans beaucoup de pays.*

1. On écrit l'arabe de droite à gauche.
2. On prononce le « s » final du mot « sens ».
3. On joue *Le Mariage de Figaro* de Beaumarchais à la Comédie-Française.
4. On boit le champagne très frais mais pas glacé.
5. On ne dit pas « visiter » quelqu'un.
6. On prend ce médicament avant les repas.
7. On vend les timbres à la poste et dans les bureaux de tabac.
8. On utilise beaucoup le mot « alors ».
9. On porte cette robe avec ou sans ceinture.
10. On peut pratiquer la natation en toute saison.

ACCORD DU PARTICIPE PASSÉ

5 **Faites l'accord du participe passé si cela est nécessaire :**

A/ 1. Marianne a *(promené)* son chien au bois de Boulogne.
   – Marianne s'est *(promené)* le long de la mer.
   2. L'infirmière a *(soigné)* la malade de la chambre 23.
   – Elle avait une angine ; elle s'est *(soigné)* à l'homéopathie.
   3. Elle a *(inscrit)* ses enfants dans une école bilingue.
   – Nous nous sommes *(inscrit)* à un cours de yoga.

B/ 1. J'ai *(coupé)* le rôti en tranches fines.
   – Amélie s'est *(coupé)* en épluchant des carottes.
   – Amélie s'est *(coupé)* le doigt en ouvrant une boîte de conserve.

2. Il a *(mis)* ses pantoufles en rentrant.

– La chatte s'était *(mis)* au soleil derrière la vitre.

– Joséphine s'était *(mis)* un ruban rose dans les cheveux.

3. J'ai *(lavé)* mon chandail à l'eau tiède.

– Les campeurs se sont *(lavé)* dans l'eau du torrent.

– Est-ce que les enfants se sont *(lavé)* les mains avant de goûter ?

C/ 1. Nous avons *(demandé)* à un agent où était l'Office du tourisme.

– En entendant du bruit, elle s'est *(demandé)* ce qui se passait.

2. Marguerite nous avait *(dit)* qu'elle passerait à la maison dans la soirée.

– En lisant les critiques, elle s'est *(dit)* qu'elle n'irait pas voir ce film.

D/ 1. Pierre et Paul se sont *(fâché)* et ils ne se sont pas *(parlé)* pendant plusieurs mois.

2. Ils ne s'étaient pas *(vu)* pendant des années et ils se sont *(retrouvé)* avec grand plaisir.

3. Pendant les vacances, nous ne nous sommes pas *(écrit)* mais nous nous sommes *(téléphoné)* assez souvent.

6 **Même exercice :**

A/ 1. Cette toile de Picasso s'est *(vendu)* une fortune.

2. Les robes à crinoline se sont *(porté)* pendant le Second Empire.

3. Les pommes de terre se sont *(cultivé)* en France à partir de la fin du xviiiᵉ siècle.

4. Il y avait du vent ; la fenêtre s'est *(ouvert)* violemment.

B/ 1. Il faisait tellement chaud dans la salle qu'elle s'est *(évanoui)*.

2. Mes amis se sont *(moqué)* de moi quand je leur ai dit que je ne savais pas nager.

3. Ils se sont *(aperçu)* qu'ils avaient oublié de fermer la lucarne du grenier.

4. Elle s'est *(souvenu)* tout à coup qu'elle avait un rendez-vous avec Jacques à 19 heures.

7 **Complétez le texte par les verbes suivants :** *se souvenir, se placer, s'asseoir, se passer, se demander, se mettre, se couvrir, s'arrêter, se dérouler*

Julie et son ami Alex sont partis en auto-stop au festival de Cannes. Ils ... *(passé composé)* juste à la sortie du péage sur l'autoroute du Sud. Ils ont attendu longtemps. Le ciel ... *(passé composé)* et la pluie ... *(passé composé)* à tomber. Ils ... *(imparfait)* ce qu'ils allaient faire quand enfin une grosse BMW ... *(passé composé)* devant eux. Un homme leur a proposé de monter. « C'est Gérard Depardieu, j'en suis sûre ! » a dit Julie tout bas en ... *(participe présent)* sur la banquette arrière. Alors, le voyage ... *(passé composé)* comme dans un rêve. Gérard Depardieu leur a parlé de ses films et de ses projets. Il leur a proposé des places pour le festival. C'est un voyage dont Alex et Julie ... *(futur)* toujours. À votre avis, est-ce que cette histoire ... réellement ... *(passé composé)* ainsi ?

L'indicatif

Autrefois, les gens **voyageaient** en diligence.

Maintenant, les gens **voyagent** en voiture.

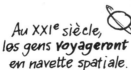

Au XXIe siècle, les gens **voyageront** en navette spatiale.

1 **Mettez les verbes aux temps qui conviennent :**

Il y a six mois, la bibliothèque de mon quartier *(fermer)* ses portes pour rénovation. **Maintenant**, elle *(être)* de nouveau ouverte au public. Le service de prêt *(être)* informatisé et il y *(avoir)* une nouvelle salle de lecture. **Bientôt**, on *(installer)* une discothèque ; les abonnés *(pouvoir)* y emprunter des disques et des cassettes.

LE PRÉSENT

2 Mettez les verbes au présent et indiquez la valeur de chaque présent en inscrivant les lettres correspondantes dans les cases :

A/ A. Présent actuel   B. Habitude   C. Vérité générale   D. Valeur de futur proche   E. Analyse

1. À la campagne, les gens *(se coucher)* et *(se lever)* tôt. ☐

2. La terre *(tourner)* sur elle-même et autour du soleil. ☐

3. Il *(faire)* très beau. ☐

4. Je *(revenir)* dans une heure. ☐

5. Dans *l'Étranger*, Camus *(présenter)* un homme qui *(se sentir)* étranger à lui-même et aux autres. ☐

B/ Exprimez la durée en employant le présent, puis l'expression *être en train de* + infinitif :

> *Que fait Virginie ? (préparer le dîner)*
> → *Elle **prépare** le dîner.*
> → *Elle **est en train de préparer** le dîner.*

1. Que fait Laurent ? *(réparer son vélo)*

2. Que font les enfants ? *(s'habiller)*

3. Que fait le jardinier ? *(tailler la haie)*

4. Que fais-tu ? *(classer des photos)*

LES FUTURS

3 Indiquez la valeur de chaque futur en inscrivant les lettres correspondantes dans les cases :

A. Antériorité   B. Futur proche   C. Événement futur   D. Valeur d'impératif

1. Le ciel est gris ; il **va neiger**. ☐

2. Les prochains jeux olympiques **auront** lieu dans deux ans. ☐

3. Vous **ferez** cet exercice pour demain. ☐

4. Quand elle **aura pris** sa douche, Brigitte **s'habillera**. ☐ ☐

4

A/ Mettez le verbe au futur simple ou au futur proche selon le sens :

> *Nous (changer) de voiture l'année prochaine.*
> → *Nous **changerons** de voiture l'année prochaine.*
> *Nous (changer) bientôt de voiture.*
> → *Nous **allons** bientôt **changer** de voiture.*

1. Il est midi ; le train ne *(partir)* qu'à 14 heures.
   Il est midi : le train *(partir)* dans quelques minutes.

2. Mon filleul *(avoir)* sept ans dans six mois.
   Mon filleul *(avoir)* sept ans à la fin du mois.

3. Je vous *(envoyer)* mon curriculum vitae dès demain.
   Je vous *(envoyer)* mon curriculum vitae la semaine prochaine.

B/   Mettez le verbe au futur antérieur :

1. Quand vous *(planter)* ces fleurs, vous les arroserez tous les jours.

2. Les travaux pourront commencer après que l'architecte *(modifier)* ses plans.

3. Lorsqu'il *(terminer)* son roman, ce jeune écrivain le proposera à plusieurs maisons d'édition.

4. Une fois qu'on *(vider)* la piscine, on pourra la nettoyer.

5. Dès que tu *(lire)* cet article, passe-moi le journal !

5   Inventez (employez le présent et le futur) :

A/   des horoscopes :

Lion : *Vous êtes dans une période de chance. Vous allez faire une rencontre. Vous serez riche et heureux. À vous ! ...*

B/   des messages sur répondeur :

Bonjour ! Je suis absent pour le moment. Laissez-moi vos coordonnées. Je vous rappellerai dès mon retour. À vous ! ...

LES TEMPS DU PASSÉ

6   L'imparfait

A/   Mettez les verbes à l'imparfait et indiquez la valeur de chacun en inscrivant les lettres correspondantes dans les cases :

A. Habitude   B. Simultanéité par rapport au passé composé   C. Description

1. Le dimanche, nous *(passer)* l'après-midi chez ma grand-mère.   ☐

2. Le vent *(souffler)*, les vagues *(être)* énormes.   ☐

3. Le chat est sorti pendant que je *(bavarder)* avec une voisine
   sur le pas de la porte.   ☐

4. Quand je suis arrivé chez eux, ils *(être)* en train de dîner.   ☐

B/   Voilà ce qu'on fait maintenant, mais que faisait-on au début du siècle ?

   Maintenant, on lave le linge à la machine, mais au début du siècle, ...
   → *... mais au début du siècle, on le **lavait** à la main.*

1. Maintenant on se téléphone souvent, mais au début du siècle ...

2. Maintenant les filles et les garçons vont dans la même école, mais au début du siècle ...

3. Maintenant les femmes travaillent hors de la maison, mais au début du siècle ...

4. Maintenant les salariés ont cinq semaines de congés, mais au début du siècle ...

5. Maintenant, il y a peu de familles nombreuses, mais au début du siècle ...

7 **Le passé composé**

A/ **Mettez les verbes au passé composé et indiquez la valeur de chacun en inscrivant les lettres correspondantes dans les cases :**

A. Événement passé   B. Succession d'événements   C. Durée limitée   D. Antériorité par rapport au présent

1. Guillaume *(naître)* en 1994. ☐

2. Les Châtelain *(vivre)* à La Paz pendant cinq ans. ☐

3. Je *(visiter)* trois fois le musée d'Orsay. ☐

4. Ils *(acheter)* un ordinateur et ils l'utilisent beaucoup. ☐

5. Le bébé *(se réveiller)*, il *(pleurer)* un peu, puis il *(se rendormir)*. ☐

B/ **Complétez les phrases en utilisant les expressions : *pour la première fois, longtemps, en trois mois, pendant cinq ans, plusieurs fois.***

1. J'ai mis ... à trouver votre maison.

2. Il a relu la phrase ... avant de la comprendre.

3. Je suis allé à l'Opéra ... à l'âge de dix ans.

4. Elle a écrit ce roman ...

5. Ils ont vécu à Madrid ...

C/ **Écrivez des phrases au passé composé en employant les expressions du B.**

8 **Mettez le verbe au passé composé ou au passé récent :**

Il (sortir) de l'hôpital et il est encore très fatigué.
→ *Il **vient de sortir** de l'hôpital et il est encore très fatigué.*

Il (sortir) de l'hôpital il y a quinze jours et il va très bien.
→ *Il **est sorti** de l'hôpital il y a quinze jours et il va très bien.*

1. Il *(pleuvoir)* hier toute la journée.

– Il *(pleuvoir)* ; tout est encore mouillé.

2. Ce film *(sortir)* l'année dernière.

– Allez voir le dernier film de Kurozawa qui *(sortir)* !

3. Je n'ai pas faim ; je *(déjeuner)*.

– Je meurs de faim ; je *(ne pas encore déjeuner)*.

9 **Imparfait ou passé composé ?**

A/ **Imitez le modèle :**

Anne dormait profondément mais ... et maintenant ...
→ *Anne **dormait** profondément mais le téléphone **a sonné** et maintenant elle ne **peut** plus se rendormir.*

1. Jean faisait beaucoup de ski mais ... et maintenant ...

2. Nous habitions dans un petit appartement mais ... et maintenant ...

3. La rivière était très poissonneuse mais … et maintenant …

4. À cet endroit-là, c'était la campagne mais … et maintenant …

5. Juan était un célibataire endurci mais … et maintenant …

B/ Mettez les verbes à l'imparfait ou au passé composé :

1. Il *(neiger)* cette nuit.
   – Est-ce qu'il *(neiger)* quand tu es sorti ?

2. L'an dernier, je *(jouer)* toujours au tennis avec ma cousine.
   – La semaine dernière, je *(jouer)* deux fois avec Rémi.

3. Avant, vous *(partir)* en vacances en août, n'est-ce pas ?
   – Pourquoi cette année, *(partir)*-vous en juillet ?

4. Charlotte *(travailler)* longtemps dans ce laboratoire.
   – Est-ce qu'elle y *(travailler)* encore en février dernier ?

5. Quand j'étais petit, je *(regarder)* souvent des dessins animés.
   – Hier soir, je *(regarder)* un dessin animé avec le petit Basile.

C/ Même exercice :

1. Il *(arriver)* juste au moment où nous *(parler)* de lui.

2. Nous *(rencontrer)* Mathilde alors que nous *(passer)* devant les vitrines des Galeries parisiennes.

3. Au moment où nous *(atterrir)*, on *(entendre)* un bruit inquiétant.

4. Pendant que nous *(déjeuner)* à la terrasse du café, une jeune fille *(s'approcher)* pour nous proposer d'acheter des fleurs.

5. Quand nous *(habiter)* en Italie, nous *(aller)* plusieurs fois à Venise.

10 **Mettez les verbes au passé composé ou à l'imparfait selon le sens :**

A/
1. Cet été, nous *(repeindre)* tous les volets de la maison ; ils *(être)* en mauvais état.

2. Hier, le garagiste *(vérifier)* la pression de mes pneus ; ils *(ne pas être)* assez gonflés.

3. L'été dernier, à Amsterdam je *(voir)* beaucoup de punks qui *(avoir)* les cheveux verts ou rouges.

4. L'histoire du Petit Chaperon Rouge, je la *(lire)* au moins vingt fois à mes enfants.

5. Mes enfants *(écouter)* toujours cette histoire avec plaisir quand ils *(être)* petits.

6. La dernière fois qu'il *(passer)* à Grenoble pour son travail, il *(téléphoner)* à son vieil ami Antoine.

7. Chaque fois qu'il *(venir)* à Nancy, il nous *(téléphoner)*.

8. Quand je me *(réveiller)*, il *(être)* neuf heures.

B/
1. Je *(étudier)* le français pendant longtemps, mais je manque encore de vocabulaire !

2. Ma sœur *(habiter)* le même quartier que moi, mais elle *(déménager)* il y a six mois.

3. Nous *(rouler)* depuis plus de six heures quand un violent orage *(éclater)*.

4. Nous *(rouler)* plus de six heures sans nous arrêter ; ce *(être)* un peu fatigant.

5. Appeler s'écrit avec deux « p ». Je *(croire)* qu'il n'y en *(avoir)* qu'un.

6. On *(entendre)* un coup de frein brutal ; je *(croire)* que ce *(être)* un accident.

7. Le tremblement de terre ne *(durer)* que quelques secondes ; beaucoup de gens *(se rendre)* à leur travail quand il *(se produire)*.

8. En nous promenant dans le parc national de la Vanoise, nous *(découvrir)* la flore et la faune de cette région que nous ne *(connaître)* pas.

11   Le passé simple

A/   Indiquez la valeur de chaque passé simple en inscrivant la lettre correspondante dans les cases :

A. Événement passé   B. Durée limitée   C. Succession d'événements

1. Jules César **conquit** la Gaule au premier siècle avant Jésus-Christ.   ☐

2. La construction de la cathédrale de Reims **dura** presque un siècle.   ☐

3. Le commissaire de police **interrogea** plusieurs fois les témoins du crime.   ☐

4. Le Docteur Rieux **se retourna** brusquement vers lui
   et **ouvrit** la bouche pour parler, mais il **se tut**. (Camus)   ☐

B/   Employez le passé simple ou l'imparfait selon le sens :

Le lendemain, la chaleur *(être)* toujours là, égale à elle-même.
Il n'était pas tombé une goutte d'eau dans la nuit. Sara *(se réveiller)* encore une fois la première, encore une fois vers dix heures. Elle *(trouver)* l'enfant assis au même endroit que la veille ; il *(contempler)* le jardin déjà écrasé de soleil.
Les fesses nues sur les dalles, vêtu seulement d'une petite chemise, il *(fixer)* les broussailles d'où, *(croire)*-il, *(sortir)* les lézards. Elle le *(laisser)* là et elle *(aller)* dans la cuisine. La bonne, prévoyante, *(faire)* le café le soir. Sara ne *(prendre)* pas le temps de le faire chauffer. Elle le *(boire)* froid, d'un seul trait, puis elle *(allumer)* une cigarette et elle *(aller)* s'asseoir sur les marches de la véranda, près de l'enfant.

D'après Marguerite Duras, *Les Petits Chevaux de Tarquinia*, © Gallimard.

12   Le plus-que-parfait

A/   Reformulez les phrases :

Le professeur **se rend compte que** les étudiants n'**ont** pas bien **compris** son explication.
→ Le professeur **se rendait compte que** les étudiants n'**avaient** pas bien **compris** son explication.

1. Air France confirme que l'avion en provenance de Pointe-à-Pitre est bien arrivé.
   → Air France a confirmé que …

2. Maxime est en retard ; une fois de plus, il n'a pas entendu son réveil.
   → Maxime était en retard ; …

3. Elle est architecte ; elle a fait ses études aux Beaux-Arts, à Paris.
   → Elle était architecte ; …

4. Je vais chercher le livre que j'ai commandé chez le libraire.
   → Je suis allé(e) chercher le livre …

5. Depuis qu'il a eu un accident de voiture, il souffre du dos.
   → Depuis qu'il …, il souffrait du dos.

B/   Complétez les phrases en employant le verbe indiqué au plus-que-parfait :

> *Je cherche partout ma montre. Pourtant, je croyais que … (poser)*
> → *Pourtant je croyais que je l'**avais posée** sur la table de nuit.*

1. Le candidat à la présidence a été réélu ; les sondages le … *(prévoir).*

2. Tu n'as pas vu ma raquette de tennis ? Je la … *(laisser)* dans l'entrée.

3. Les Morot sont encore à Paris ! Pourtant la semaine dernière, on m'a dit qu'ils … *(partir).*

4. Tu ne m'as pas appelé comme prévu. Tu n'as pas mon numéro ? Pourtant je te le … *(donner).*

5. Julie vit encore avec Patrick ? Je croyais qu'ils … *(se séparer).*

6. Tu es encore fâché avec Alice ? Pourtant, elle m'a affirmé qu'elle … *(s'excuser).*

C/   Complétez les phrases par : *Je te l'avais bien dit ! Je n'y avais pas pensé ! J'avais oublié ! Pourtant je le lui avais demandé !*

1. Pierre n'a pas mis ma lettre à la poste …

2. Il a réussi son bac, j'en étais sûr …

3. C'est vrai, tu n'aimes pas le vin blanc …

4. Les Champs-Élysées sont interdits à la circulation à cause du défilé du 14 juillet …

TRANSPOSITION DANS LE PASSÉ

13   Transposez les phrases au passé :

A/   *Je regarde par la fenêtre et je vois qu'il **va neiger**.*
   → *J'ai regardé par la fenêtre et j'ai vu qu'il **allait neiger**.*

1. Il est vingt heures ; le spectacle va commencer.
   → Il était vingt heures ; …

2. Je crois que tu vas changer d'avis.
   → J'ai cru que …

3. Je sais qu'ils vont partir bientôt.
   → Je savais que …

B/   *Je pense qu'il **rentrera** dans son pays quand il **aura passé** ses examens.*
   → *Je pensais qu'il **rentrerait** dans son pays quand il **aurait passé** ses examens.*

1. Mes parents veulent savoir si j'irai les voir pendant les vacances.
   → Mes parents voulaient savoir si …

2. À la poste, l'employé me dit que ça coûtera cher d'envoyer ce paquet.
   → À la poste, l'employé m'a dit que …

3. Le porte-parole du Gouvernement annonce que le Premier ministre se rendra en visite officielle en Australie.
   → Le porte-parole du Gouvernement a annoncé que …

    4. Christophe m'écrit qu'il m'enverra les photos dès qu'il les aura fait développer.

      → Christophe m'a écrit que ...

    5. La secrétaire m'explique que je recevrai ma carte quand j'aurai payé ma cotisation.

      → La secrétaire m'a expliqué que ...

C/   *Il feuillette le livre qu'on **vient** de lui offrir.*
      → *Il feuilletait le livre qu'on **venait** de lui offrir.*

    1. Tout le monde parle du musée Picasso qu'on vient d'inaugurer.

      → Tout le monde parlait du musée Picasso que ...

    2. Maxime et Thomas sont en pleine forme ; ils viennent de passer un mois au bord de la mer.

      → Maxime et Thomas étaient en pleine forme ; ...

    3. Le marchand de vin nous annonce que le beaujolais nouveau vient d'arriver.

      → Le marchand de vin nous a annoncé que ...

14   **Mettez le verbe principal au passé.**

     *Ma grand-mère me **téléphone** qu'elle **aimerait** que je **vienne** la voir.*
      → *Ma grand-mère m'**a téléphoné** qu'elle **aimerait** que je **vienne** la voir.*

    1. Mes parents me disent que je ferais mieux de continuer mes études au lieu de commencer à travailler.

    2. Les journaux annoncent qu'on aurait identifié l'un des auteurs du crime.

    3. À cause d'un incident technique sur la ligne B du RER, il faut que je prenne un taxi.

    4. Il est 9 heures du soir ; je trouve bizarre qu'il ne soit pas encore arrivé.

15   **Mettez les textes au passé :**

Il **est** neuf heures du matin ; c'**est** l'hiver. Une fois de plus Pauline **va** arriver en retard au lycée parce qu'elle s'**est couchée** tard et que son réveil n'**a** pas **sonné**. Elle **s'habille** vite, **avale** une tasse de café et **prend** son gros manteau car elle **sait** qu'il **fera** froid dehors. Au moment où elle **entre** dans la station de métro, elle **s'aperçoit** qu'elle **a oublié** sa carte orange. Elle **vient** d'acheter un ticket quand elle **tombe** sur une camarade de classe qui **remonte** l'escalier du métro. Celle-ci lui **annonce** que le cours n'**aura** pas lieu parce que le professeur **est** malade.

16   **Même exercice** (attention aux expressions de temps) :

Aujourd'hui, alors qu'Élisabeth **fait** des courses aux magasins du Printemps, elle **rencontre** son amie Jeanne qui **est** de passage à Paris. **Hier**, Jeanne n'**a** pas **réussi** à la joindre au téléphone pour la prévenir de son arrivée. Comme elles ne **sont** pas pressées, elles **vont** prendre un café. En quittant Élisabeth, Jeanne lui **promet** qu'elle lui **fera** signe la prochaine fois qu'elle **reviendra** à Paris.

17   **Même exercice :**

Cette année, nous avons décidé de passer nos vacances au Mexique. Nous avons réservé deux places sur le vol Paris-Mexico et l'avion doit décoller de l'aéroport Charles de Gaulle à 10 heures. À l'aéroport, il faut que nous fassions enregistrer nos bagages. Il y a déjà beaucoup de voyageurs qui font la queue. Ensuite, nous passons à la douane. J'ai peur que les douaniers fouillent ma valise car j'ai trois bouteilles de champagne et deux boîtes de foie gras pour nos amis mexicains. Mais tout se passe bien et nous nous installons dans la salle d'embarquement où nous attendons que notre vol soit annoncé. Enfin, on nous invite à nous présenter à la porte 10. Une hôtesse remet à chacun sa carte et nous prenons place dans l'avion. À 10 h 12, enfin nous décollons.

18   **Même exercice :**

Ce matin, Mme Langlois, professeur au lycée Pasteur, est partie de chez elle un peu plus tard que d'habitude, mais elle pense qu'en se dépêchant, elle arrivera à l'heure pour son cours. Heureusement, on circule bien dans la ville. Plusieurs feux rouges l'obligent cependant à s'arrêter et lui font perdre du temps.

À un carrefour, alors qu'elle va tourner à gauche, le feu passe du vert à l'orange sans que Mme Langlois s'arrête. Un coup de sifflet la rappelle à l'ordre. Elle comprend immédiatement et s'arrête, un peu inquiète. Un agent de police s'avance, la salue poliment et lui demande ses papiers qu'il examine avec la plus grande attention. Puis il fait le tour de la voiture, vérifie que le numéro d'immatriculation correspond à celui des papiers et revient vers Mme Langlois. Alors, d'un air impassible, il lui demande quelle est sa profession. « Je suis professeur » répond-elle et, d'une voix timide, elle reconnaît qu'elle vient de faire une imprudence. « Eh bien, madame, reprend l'agent, vous me copierez cent fois : « Je dois respecter les feux de signalisation. »

19   **Même exercice :**

Ce matin, j'ai de la peine à me réveiller et il faut que Marie m'appelle et me secoue. Nous ne mangeons pas parce que nous voulons nous baigner tôt. Je me sens tout à fait vide et j'ai un peu mal à la tête. Ma cigarette a un goût amer. Marie se moque de moi parce qu'elle dit que j'ai « une tête d'enterrement ». Elle a mis une robe de toile blanche et lâché ses cheveux. Je lui dis qu'elle est belle, elle rit de plaisir.

En descendant, nous frappons à la porte de Raymond. Il nous répond qu'il descend. Dans la rue, à cause de ma fatigue et aussi parce que nous n'avons pas ouvert les persiennes, le jour, déjà tout plein de soleil, me frappe comme une gifle.

D'après A. Camus, *l'Étranger*, © Gallimard.

20   **Mettez le verbe entre parenthèses au temps du passé qui convient :**

1.   Le stade *(être)* plein à craquer ; le match Bordeaux-Nantes *(aller)* commencer.

2.   Je *(essayer)* de t'appeler plusieurs fois ce matin, mais ou bien ça ne *(répondre)* pas, ou bien ce *(être)* occupé. Qu'est-ce que tu *(faire)* ?

3. On *(annoncer)* que les prix de plusieurs produits de consommation courante *(rester)* stables l'année dernière.

4. Hier, au village, il y *(avoir)* un bal. Tout le monde *(danser)* les jeunes, les vieux et même les enfants.

5. Ils *(être)* très inquiets, ils *(venir)* d'apprendre que leur fille *(se droguer)*.

6. Le médecin lui *(dire)* qu'il *(recommencer)* à marcher dès qu'on lui *(enlever)* son plâtre.

7. La pièce de rechange que nous *(commander)* pour votre appareil, *(arriver)* enfin.

8. Il *(falloir)* que je *(remplir)* tout un dossier pour obtenir un permis de travail.

21 **Même exercice :**

A/ Hier, je *(téléphoner)* à Catherine car nous *(devoir)* aller au théâtre ensemble. Sa mère me *(répondre)* et me *(annoncer)* que Catherine *(venir)* d'être transportée d'urgence à l'hôpital ; juste après le petit déjeuner, elle se *(sentir)* mal et ses parents *(appeler)* le médecin qui *(diagnostiquer)* une crise d'appendicite. Alors, je *(dire)* à sa mère que je *(être)* désolée et que je *(espérer)* que tout *(aller)* bien. Je *(ajouter)* que je *(rendre)* visite à Catherine demain après-midi.

B/ Dimanche dernier, ce *(être)* l'ouverture de la chasse. Malgré le temps pluvieux, Guy Leterrier *(se sentir)* de belle humeur. Son chien Fox *(courir)* de tous côtés. Arrivés à la forêt, Guy *(s'enfoncer)* sans bruit dans un petit chemin le long de l'étang. Les feuilles *(tomber)* une à une : ce *(être)* déjà l'automne. Soudain, un canard sauvage *(surgir)* de derrière les roseaux. Guy *(épauler)* son fusil, *(tirer)*. L'oiseau *(continuer)* son vol dans un grand bruit d'ailes. Guy le *(manquer)* !

22

A/ À un dîner de mariage, vous faites un petit discours racontant la vie des mariés.

B/ Racontez
 – un souvenir d'enfance
 – un rêve
 – vos dernières vacances

Les propositions subordonnées introduites par *que*

PROPOSITIONS SUBORDONNÉES À L'INDICATIF

1 **Reliez les propositions :**

1. La météo annonce   ☐ qu'il y a une tempête en mer du Nord.

2. La météo a annoncé   ☐ qu'il rendra les devoirs mardi.

3. Geneviève affirme   ☐ qu'elle n'a pas reçu ma lettre.

4. Geneviève a affirmé   ☐ qu'il rendrait les devoirs mardi.

5. Le professeur dit   ☐ qu'il y avait une tempête en mer du Nord.

6. Le professeur a dit   ☐ qu'elle n'avait pas reçu ma lettre.

2 **Mettez le verbe au temps qui convient :**

1. Pierre pense qu'il y *(avoir)* un train pour Tours à 18 heures.
   – Pierre pensait qu'il y *(avoir)* un train pour Tours à 18 heures.

2. Il est évident que cet appartement *(être)* trop petit pour nous actuellement.
   – Il était évident que cet appartement *(être)* trop petit pour nous.

3. Antoine et Lise sont persuadés qu'ils *(obtenir)* un prêt de leur banque.
   – Antoine et Lise étaient persuadés qu'ils *(obtenir)* un prêt de leur banque.

4. Je crois que M. Lamy *(ne pas changer)* d'avis sur cette question.
– Je croyais que M. Lamy *(ne pas changer)* d'avis sur cette question.

5. Je suis absolument sûr que je lui *(donner)* déjà mon adresse.
– J'étais absolument sûr que je lui *(donner)* déjà mon adresse.

6. Il me semble qu'ils *(partir)* déjà.
– Il me semblait qu'ils *(partir)* déjà.

3   **Même exercice :**

1. Tout le monde sait que la Terre *(tourner)* autour du soleil.
2. On trouve tous que cette coiffure te *(aller)* très bien.
3. Prenez ce camembert ! Je vous assure qu'il *(être)* parfait pour demain soir.
4. Tu as suivi un régime ? J'ai l'impression que tu *(maigrir)*.
5. L'automobiliste a reconnu qu'il *(brûler)* un feu rouge.
6. Les viticulteurs sont certains que le vin *(être)* bon cette année.
7. Antoinette a prévenu qu'elle *(arriver)* en retard.
8. J'ai choisi ce disque pour toi ; j'espère qu'il te *(plaire)*.
9. En rentrant chez elle, Éliane s'est aperçue que les enfants *(laisser)* la télévision allumée.
10. Il paraît que Louis et Elsa *(aller)* se marier dans la cathédrale d'Amiens.

PROPOSITIONS SUBORDONNÉES AU SUBJONCTIF

4   **Reliez les propositions :**

1. Mes parents veulent
– Mes parents voulaient
   ☐ que tu puisses venir avec nous.

2. Je suis très content
– J'étais très content
   ☐ que nous les emmenions au cirque.

3. Les enfants ont envie
– Les enfants avaient envie
   ☐ que je fasse du droit.

5   **Mettez le verbe au subjonctif présent :**

A/ 1. Sophie voudrait que nous *(visiter)* la Sardaigne cette année.
2. J'attendrai qu'il y *(avoir)* moins de monde pour aller voir cette exposition.
3. Il y avait beaucoup d'embouteillages ; j'avais peur que nous *(être)* en retard.
4. J'aimerais que tu me *(rendre)* les livres que je t'ai prêtés.
5. Elle a refusé que son ami la *(conduire)* à la gare.

B/ 1. On vient de passer à l'heure d'été. Je suis étonné que tu ne le *(savoir)* pas.

2. Je suis désolé que tu *(ne pas venir)* à la fête des anciens élèves de l'école.

3. Tu trouves normal qu'il se *(faire)* toujours inviter et qu'il *(ne jamais inviter)* personne ?

4. Jean était très déçu que Juliette *(ne pas vouloir)* partir aux sports d'hiver avec lui.

5. Caroline a eu un petit accident hier, et elle était très ennuyée que sa voiture toute neuve *(ne plus marcher)*.

C/ 1. Il faut absolument que je *(aller)* chez le dentiste !

2. Il est préférable que vous *(ne pas écrire)* avec un crayon.

3. C'est dommage qu'il *(falloir)* partir si tôt !

4. Il vaudrait mieux que vous *(ne pas prendre)* de vitamine C le soir.

5. Ça m'énerve que tu *(perdre)* toujours ton stylo !

6 **Mettez le verbe au subjonctif présent ou passé :**

1. Nous regrettons que vous *(ne pas pouvoir)* venir au théâtre ce soir.
   – Nous regrettons que vous *(ne pas pouvoir)* venir au théâtre hier soir.

2. Je suis surpris qu'Isabelle *(aller)* en Corse cet été, elle qui déteste la chaleur !
   – Je suis surpris qu'Isabelle *(aller)* en Corse l'été dernier, elle qui déteste la chaleur !

3. Il est possible que votre paquet *(arriver)* dans deux jours.
   – Il est possible que votre paquet *(arriver)* déjà.

4. Nos voisins sont furieux que leurs enfants *(faire)* du vélo sur la route nationale.
   – Nos voisins sont furieux que leurs enfants *(faire)* du vélo sur la route hier.

5. Ça m'étonne qu'il *(ne jamais fermer)* sa porte à clé.
   – Ça m'étonne qu'il *(ne pas fermer)* sa porte à clé quand il est parti.

7 **Mettez le verbe à l'indicatif ou au subjonctif :**

1. Tout le monde souhaite que l'année nouvelle *(être)* bonne.
   – Tout le monde espère que l'année nouvelle *(être)* bonne.

2. Il est possible qu'une éruption volcanique *(se produire)* dans cette région.
   – Il est probable qu'une éruption volcanique *(se produire)* dans cette région.

3. Il paraît qu'on *(construire)* une crèche dans le quartier.
   – Il est vraiment nécessaire qu'on *(construire)* une crèche dans le quartier.

4. Beaucoup de médecins reconnaissent que l'homéopathie *(être)* un moyen efficace pour soigner certaines maladies.
   – Beaucoup de médecins doutent que l'homéopathie *(être)* un moyen efficace pour soigner certaines maladies.

5. J'ai appris que Julien *(arriver)* premier aux régates de Saint-Malo.
   – Je suis ravi que Julien *(arriver)* premier aux régates de Saint-Malo.

8   **Même exercice :**

1. Nous avons vu à la télévision qu'il y *(avoir)* des inondations dans l'Est de la France.
2. M. Merlin a téléphoné et il demande que vous le *(rappeler)*.
3. J'ai l'impression que vous *(ne pas comprendre)* bien ce que je viens de dire.
4. Il fait à peine 10°. C'est rare qu'il *(faire)* si froid au mois de mai.
5. Enfant, j'aimais que les adultes me *(prendre)* au sérieux.
6. Je n'ai plus que 50 F dans mon porte-monnaie ; je croyais qu'il me *(rester)* au moins 100 F.
7. Tu sais que Fabrice est à l'hôpital ; ça lui ferait plaisir que nous *(aller)* le voir.
8. Les experts prévoient qu'il y *(avoir)* une légère reprise de l'économie dans les mois à venir.
9. J'ai une journée très chargée ; ça m'arrangerait que tu *(faire)* cette course à ma place.
10. Dis à Bernard que je *(être)* malade et qu'il *(venir)* me voir !

VERBES D'OPINION À LA FORME NÉGATIVE

9   **Même exercice :**

1. John trouve que le français *(être)* plus difficile que l'italien.
   – John ne trouve pas que le français *(être)* plus difficile que l'italien.
2. Je suis sûr que ce film *(plaire)* aux enfants.
   – Je ne suis pas sûr que ce film *(plaire)* aux enfants.
3. L'entraîneur de l'équipe de football de Toulouse pense qu'elle *(avoir)* des chances de battre celle de Nantes.
   – L'entraîneur de l'équipe de football de Toulouse ne pense pas qu'elle *(avoir)* des chances de battre celle de Nantes.
4. Je suis certain que votre interlocuteur *(comprendre)* bien votre point de vue.
   – Je ne suis pas certain que votre interlocuteur *(comprendre)* bien votre point de vue.
5. Je crois qu'elle *(passer)* déjà le concours d'entrée à HEC (Hautes Études Commerciales).
   – Je ne crois pas qu'elle *(passer)* déjà le concours d'entrée à HEC.

PROPOSITION SUBORDONNÉE OU INFINITIF ?

10   **Imitez les modèles :**

A/   *Je pense (je / partir à 5 heures)*   → *Je pense **partir** à 5 heures*
                                               → *Je pense **que je partirai** à 5 heures.*

1. J'espère *(je / vous revoir bientôt)*
2. Il est sûr *(il / avoir raison)*
3. J'ai l'impression *(je / connaître cette personne)*

B/   *Je veux (je / venir avec toi)* → *Je veux **venir** avec toi.*
Je veux (mes amis / être tous là) → *Je veux **que** mes amis **soient** tous là.*

1. Elle préfère *(elle / rester à la maison)*
   – Elle préfère *(vous / rester à la maison)*

2. J'ai envie *(je / visiter Istanbul)*
   – J'ai envie *(nous / visiter Istanbul)*

3. Nous sommes désolés *(Claire / être malade)*
   – Nous sommes désolés *(nous / être en retard)*

4. Il est très content *(il / avoir obtenu son diplôme)*
   – Il est très content *(sa fille / avoir obtenu son diplôme)*

5. Virginie avait peur *(le train / avoir du retard)*
   – Virginie avait peur *(elle / être en retard)*.

11   Reliez les éléments suivants en employant un infinitif ou une proposition subordonnée :

1. Sabine veut absolument *(Sabine / faire des études de vétérinaire)*.

2. Il aurait besoin que *(vous / lui donner des conseils)*.

3. Nous sommes certains *(ce cadeau / lui faire plaisir)*.

4. Je te promets *(je / conduire prudemment)*.

5. Beaucoup de jeunes souhaiteraient *(ils / faire de grands voyages)*.

6. Tout le monde espère *(il / ne pas pleuvoir pendant le week-end)*.

7. Je ne supporte pas *(vous / fumer le cigare chez moi)*.

8. Nous aimons bien *(nous / jouer au bridge)*.

12   Reliez les phrases :

Tu te mets en colère ; cela ne sert à rien.
→ *Cela ne sert à rien **que** tu te mettes en colère.*

1. La population du centre de Paris a diminué ces dernières années ; c'est exact.

2. Tu n'as pas trouvé ce livre à la bibliothèque ; cela m'étonne.

3. Laurent a très mal aux oreilles ; cela m'inquiète.

4. À Paris, les voitures stationnent souvent n'importe où ; c'est vrai.

5. Tu n'as pas pu voir *Le Malade imaginaire* à la Comédie Française ; quel dommage !

6. J'ai fait une erreur ; c'est bien possible.

7. Ils ne sont pas encore arrivés ; c'est bizarre.

8. Fermez vos volets avant de partir en vacances ! Cela vaut mieux.

9. La nature doit être protégée ; c'est évident.

10. Mon voisin met toujours sa télévision trop fort ; ça m'énerve.

13 **Faites des commentaires sur ces affirmations** (évitez de répéter la phrase) :

    1. Il y a trop de publicité à la télévision.
       C'est vrai que …
       Je ne pense pas que …

    2. Un mariage sur trois se termine par un divorce.
       Il me semble que …
       Ça m'étonne que …

    3. Les femmes conduisent moins bien que les hommes !
       Je suis sûr que …
       Je trouve injuste que …

    4. Les « fast-food » vont tuer la cuisine française !
       En effet, j'ai remarqué que …
       Ce serait dommage que …

    5. L'argent ne fait pas le bonheur.
       Moi, je trouve que …
       Moi, je ne crois pas que …

14 **Complétez les phrases :**

A/ 1. Quand j'étais enfant, j'avais souvent peur que …

     2. D'après les radios, le chirurgien pense que …

     3. Mes grands-parents, qui sont très traditionalistes, sont choqués que …

     4. À Noël, les enfants sont très heureux que …

     5. En France, les trains sont généralement à l'heure ; mais il arrive parfois que …

     6. Le garagiste m'a promis que ma voiture …

B/ 1. J'ai repeint moi-même ma chambre ; ce n'est pas parfait mais l'important, c'est que …

     2. Tom dit qu'il a trop de travail pour venir avec nous ; la vérité, c'est que …

     3. Il n'arrête pas de critiquer tout le monde ; le résultat, c'est que …

     4. Marc a fait une chute de ski spectaculaire ; l'incroyable, c'est que …

     5. Je voyagerais bien cet été ; l'ennui, c'est que …

     6. J'ai visité un appartement qui me plaît beaucoup ; l'inconvénient, c'est que …

15 **Complétez les phrases :**

    1. … qu'il reçoive cette lettre rapidement.
       … qu'il recevra cette lettre rapidement.

    2. … que les hommes iront un jour sur la planète Mars.
       … que les hommes aillent un jour sur la planète Mars.

    3. … qu'il ait bien compris les explications du professeur.
       … qu'il a bien compris les explications du professeur.

4. ... qu'ils viendraient faire du bateau avec nous à Deauville.

5. ... qu'elle était déjà allée en Grèce.

6. ... que tu te fasses soigner.

7. ... que vous n'aimiez pas ce roman ; moi, je le trouve très intéressant.

16 **Imitez l'exemple :**

Regret   – *nous (perdre) le match hier.*
→ *Je regrette*
→ *Je suis désolé(e)* } – ***que nous ayons perdu*** *le match hier.*
→ *Quel dommage*

1. volonté   les élèves *(savoir)* ce poème par cœur.

2. peur   Pierre *(oublier)* l'heure du rendez-vous.

3. désir   *(présenter)* votre projet le plus tôt possible.

4. certitude   ce journal *(être)* bien informé.

5. obligation   *(présenter)* ton passeport au contrôle.

6. opinion   ce film *(être)* vraiment nul !

7. possibilité   je *(partir)* au Canada pour un an.

8. regret   tu *(ne pas acheter)* cette robe ; elle t'allait vraiment bien !

9. étonnement   *(choisir)* ce prénom pour leur fils !

10. déclaration   le train *(avoir)* vingt minutes de retard.

EXERCICE DE SUBSTITUTION

17 **Remplacez les propositions subordonnées par un groupe nominal :**

J'attends ***que le train parte.***
→ *J'attends* ***le départ du train.***

1. Il nous a appris **que son fils s'était marié.**

2. Avez-vous remarqué **que Marie était absente ce matin** ?

3. J'ai besoin **que tu m'aides pour cette traduction.**

4. L'employé est sûr **que ces renseignements sont exacts.**

5. Les passagers étaient très inquiets **que l'avion soit en retard** sur l'horaire prévu.

6. La propriétaire a annoncé **que le magasin ouvrirait à 8 heures.**

7. Agnès est très triste **que son petit chat soit mort.**

8. Madame Lafoy est heureuse d'annoncer **que son cinquième petit-fils vient de naître.**

9. En 1960, le général de Gaulle décida **que l'on dévaluerait le franc.**

10. Le gouvernement souhaite **que de nouvelles entreprises soient créées** dans cette région.

L'emploi du conditionnel

1 **Indiquez la valeur du conditionnel dans chacune des phrases :**

A. Politesse B. Regret C. Désir, souhait
D. Information non confirmée E. Fait dépendant d'une condition F. Futur du passé

1. J'ai un peu froid ; **pourriez**-vous fermer la fenêtre ? ☐
2. Comme on **serait** bien au soleil, allongé sur une plage ! ☐
3. Un bateau a coulé au large de Saint-Malo ; il n'y **aurait** aucun survivant. ☐
4. Si j'avais un fils, je l'**appellerais** Arthur. ☐
5. J'**aurais** bien **aimé** vivre au bord de la mer ! ☐
6. Juliette m'a promis qu'elle me **prêterait** sa voiture samedi soir. ☐

POLITESSE

2 **Complétez les phrases en employant au conditionnel les verbes *vouloir*, *avoir*, *pouvoir*...**

> *Vous avez des pommes Golden ?*
> → *Vous avez des pommes Golden ? J'en **voudrais** un kilo.*

1. Je n'ai pas de quoi écrire. → ...
2. Je cherche le bureau de poste le plus proche. → ...
3. Madame Dumas est-elle là ? → ...
4. Je n'ai qu'un billet de 500 francs. → ...
5. Ma valise est très lourde. → ...

INFORMATION NON CONFIRMÉE

3

A/ Mettez le verbe au conditionnel présent ou passé :

1. Ce nouveau médicament **permet** d'améliorer le traitement du diabète.
2. L'accident du car sur la route de Reims **est dû** à une erreur de conduite du chauffeur.
3. Selon les derniers sondages, le parti écologiste **recueillera** 5 % des voix aux prochaines élections.
4. Le violent orage d'hier soir **a foudroyé** de nombreux arbres.

B/ Écrivez trois phrases où le conditionnel présent ou passé présente l'information comme probable mais non confirmée.

DÉSIR, REGRET

4 **Complétez les phrases en employant les verbes *aimer bien* ou *vouloir bien* au conditionnel présent ou passé :**

> *W. Dimitrov donne un concert mardi prochain.*
> → *Je **voudrais bien** y aller.*

1. Je n'ai jamais rencontré ton amie Marielle. → ...
2. Les enfants ne sont jamais allés au cirque. → ...
3. Nicolas est parti faire du ski sans moi. → ...
4. L'exposition sur Manet est déjà terminée. → ...
5. Christophe vient de s'acheter un ordinateur portable dernier modèle. → ...

EXPRESSION DE LA CONDITION

5   **Reformulez les questions :**

> *Si quelqu'un frappait à votre porte à 2 heures du matin, est-ce que vous ouvririez ?*
> *Quelqu'un frapperait à votre porte à 2 heures du matin, est-ce que vous ouvririez ?*

1. Si vous aviez un autre enfant, est-ce que vous arrêteriez de travailler ?
2. Si on vous proposait un poste à l'étranger, l'accepteriez-vous ?
3. Si vous trouviez un porte-monnaie plein d'argent, qu'en feriez-vous ?
4. Si la reine Isabelle la Catholique n'avait pas encouragé Christophe Colomb, aurait-il pu débarquer en Amérique ?

HYPOTHÈSE ET SUGGESTION

6   **Complétez les phrases selon les modèles donnés :**

A/   *Ma grand-mère a 70 ans, mais on dirait qu'elle en a à peine 60.*

1. Dolores parle français sans accent ; ...
2. Tu as mauvaise mine ; ...
3. Regardez ces fleurs artificielles ; ...

B/   *Tu ne connais pas le Portugal. Nous pourrions y aller cet été.*

1. Le petit Charles n'a pas de vélo ; ...
2. Il fait un temps splendide ; ...
3. Il nous reste une heure avant le départ du train ; ...

CONSEIL

7   **Reformulez les phrases :**

A/   *Je vous conseille de prendre l'autoroute.* → *Vous devriez prendre l'autoroute.*
→ *Vous feriez mieux de prendre l'autoroute.*

1. Je te conseille de lire ce livre pour faire ton exposé.
2. Je vous conseille de mettre de l'engrais sur vos fleurs.
3. Je vous conseille de ne pas porter vos lentilles de contact plus de dix heures par jour.
4. Je te conseille de te renseigner dans une agence de voyages avant de partir.
5. Je te conseille de mettre un antivol à ta mobylette.

B/   *Vous n'avez pas pris l'autoroute ; vous avez eu tort.*
→ *Vous auriez dû prendre l'autoroute.*
→ *Vous auriez mieux fait de prendre l'autoroute.*

1. Vous n'avez pas répondu à toutes les questions de l'examen ; vous avez eu tort.
2. Les deux jeunes gens sont partis en bateau sans prévenir leurs parents : ils ont eu tort.
3. Mon grand-père ne s'est pas fait vacciner contre la grippe ; il a eu tort.

4. Tu es venu par un temps pareil ! Tu as eu tort.

5. Je n'ai pas réservé de places dans le train : j'ai eu tort.

8   **Complétez les phrases selon les indications données :**

1. Vous êtes venu travailler malgré votre grippe ; ... *(conseil)*

2. Ils n'ont qu'un enfant ; ... *(désir)*

3. Quelle est la route pour Vézelay ? ... *(politesse)*

4. Je ne joue d'aucun instrument de musique ; ... *(regret)*

5. Un cyclone s'est abattu hier sur la Floride ; ... *(information non confirmée)*

6. Je cherche le rayon des surgelés ; ... *(politesse)*

7. On a annoncé à la radio ce matin que ... *(futur dans le passé)*

8. Étienne est déjà parti ; ... *(regret)*

9. À l'automne prochain, la Reine d'Angleterre ... *(information non confirmée)*

10. Le scrabble est un jeu de lettres vraiment amusant ; ... *(conseil)*

9   **Mettez le verbe à l'indicatif ou au conditionnel :**

1. Il travaille trop ! Il est épuisé ; je trouve qu'il *(faire)* mieux de cesser son activité professionnelle.
   - Il est épuisé ; il a cessé toute activité professionnelle. Je trouve qu'il *(faire)* bien.

2. Pardon Madame, j'ai perdu un petit chien noir et blanc ; est-ce que, par hasard, vous le *(voir)* ?
   - J'ai perdu mon petit chien ; est-ce que tu le *(voir)* ?

3. Nous allons en Hollande. Ce qui *(être)* bien, c'est qu'on passera deux jours à Amsterdam.
   - Ce qui *(être)* bien, c'est qu'on puisse passer deux jours à Amsterdam.

4. Je connais quelqu'un qui, j'en suis sûr, *(pouvoir)* vous renseigner sur ce club.
   - Je connais quelqu'un qui *(pouvoir)* peut-être vous renseigner sur ce club.

10   **Des amis viennent vous voir dans votre pays. Que leur montreriez-vous ? Vous leur conseillez un itinéraire, des visites, des balades, etc.**

L'infinitif

Avant de partir, n'oublie pas de vérifier l'état de ton vélo.

Il part **après** avoir **regonflé** ses pneus.

INFINITIF À LA PLACE D'UN NOM

1 **Remplacez les mots en caractères gras par un infinitif en faisant les transformations nécessaires.**

> *Pascal et moi, nous avons l'habitude de **la marche** en montagne.*
> → *Pascal et moi, nous avons l'habitude de **marcher** en montagne.*

1. Les enfants aiment **les jeux** en plein air.
2. En hiver, à la montagne, j'adore **la lecture** au coin du feu.
3. **La traduction** d'un roman prend beaucoup de temps.
4. Le maire de la ville a ordonné **la fermeture** de cette boîte de nuit pour trafic de drogue.
5. **Le choix** d'un cadeau est souvent difficile.

INFINITIF À VALEUR D'IMPÉRATIF

2 **Remplacez les impératifs par des infinitifs :**

> **Faites** *cuire le gâteau trente-cinq minutes à four chaud.*
> → **Faire** *cuire le gâteau trente-cinq minutes à four chaud.*

1. Prenez trois comprimés par jour, matin, midi et soir.

2. Peinture fraîche ! Ne vous asseyez pas sur ce banc.

3. Introduisez trois pièces de un franc dans l'appareil, puis appuyez sur le bouton correspondant à la boisson choisie.

4. Ne recongelez jamais les aliments après décongélation.

5. Ne donnez rien à manger aux animaux du zoo.

INFINITIF PRÉSENT OU PASSÉ ?

3 **Complétez les phrases par un infinitif présent ou passé selon le sens :**

> *(attraper) Ferme la fenêtre, s'il te plaît ! j'ai peur de … froid. /→ … d'**attraper** froid.*
> *J'ai peur de … un rhume hier. /→ … d'**avoir attrapé** un rhume hier.*

1. *(trouver)* Carlos voudrait bien … un petit travail pour payer ses études.
– Il est très content de … du travail.

2. *(faire)* Excusez-moi de vous … attendre ! J'étais retenu par un client.
– Excusez-moi de vous … attendre ! Je m'occupe de vous dans quelques minutes.

3. *(avoir)* Quel beau soleil ! Je regrette de ne pas … le temps de sortir cet après-midi.
– Hier, il y avait un soleil magnifique. Je regrette de ne pas … le temps de sortir.

4. *(offrir)* Mes grands-parents m'ont promis de me … un voyage pour mes 20 ans.
– Du Mexique, je leur ai écrit pour les remercier de me … ce magnifique voyage.

5. *(devenir)* Hélène aimerait bien … architecte.
– *(finir)* Hélène aimerait bien … déjà … ses études d'architecture.

INFINITIF COMPLÉMENT

4 **Faites des phrases en imitant le modèle donné :**

A/ **Verbe + infinitif**

> *pouvoir* → *Sabine **pourra venir** demain.*

– *vouloir, espérer, savoir, devoir, aimer, détester.*

B/ **Verbe + *à* + infinitif**

> *commencer à …* → *Jean **commence à travailler** à 8 heures.*

– *arriver à, continuer à, apprendre à, réussir à, s'habituer à, se mettre à.*

C/ **Verbe + *de* + infinitif**

> *finir de …* → *J'ai **fini de lire** ce roman.*

– *accepter de, essayer de, oublier de, décider de, regretter de, s'arrêter de, se dépêcher de, avoir envie de.*

D/ Verbe + *à qqn* + *de* + infinitif

> *demander à qqn de* ... → *Elle **a demandé** à sa sœur **de prendre** des places pour l'Opéra.*

– *conseiller, interdire, permettre, dire, promettre, demander.*

E/ Verbe + *qqn* + *à* + infinitif

> *obliger qqn à* ... → *Le retard de l'avion **a obligé** Michel **à passer** une nuit à l'hôtel.*

– *aider, encourager, obliger*

F/ Verbe + *qqn* + *de* + infinitif

> *empêcher qqn de* ... → *La pluie **a empêché** les enfants **de jouer** dehors.*

– *accuser, remercier, empêcher*

5 **Utilisez les prépositions indiquées pour relier les phrases :**

> *(sans) Le bébé a supporté le vaccin. Il n'a pas crié. / → ... **sans crier**.*

1. *(pour / afin de)* Il a fait la queue pendant deux heures. Il a obtenu des places aux championnats de tennis de Roland-Garros.
2. *(avant de)* On entre dans la piscine. On prend une douche.
3. *(après)* Il a passé son baccalauréat. Il s'est inscrit à l'université.
4. *(de peur de)* Christine hésite toujours à me téléphoner. Elle a peur de me déranger.
5. *(à condition de)* On enlève ses chaussures. On peut entrer dans une mosquée.
6. *(au moment de)* Il allait entrer dans l'immeuble. Il s'est aperçu qu'il avait oublié les chiffres du code.
7. *(en attendant de)* Barbara est allée passer une année à l'étranger. Elle attendait de commencer ses études de médecine.

INFINITIF À LA PLACE D'UNE SUBORDONNÉE RELATIVE

6 **Remplacez les mots en caractères gras par un infinitif :**

A/ *J'ai entendu une porte **qui claquait**. / → ... **claquer**.*

1. Sur les routes en été, on voit souvent des jeunes **qui font** de l'auto-stop.
2. Du haut du pont, l'enfant regardait les voitures **qui passaient** sur l'autoroute.
3. Furieuse d'avoir été insultée, elle sentait le rouge **qui lui montait** au visage.
4. Nous irons écouter la chorale **qui chantera** à la fête de fin d'année de l'école.

B/ Complétez les phrases par un infinitif :

1. C'est l'heure de la messe. On entend les cloches ...
2. À la télévision, on a vu en direct le navigateur ...
3. Au zoo, les gens regardaient les singes ...
4. Au métro « Châtelet », un groupe de gens écoutaient de jeunes musiciens ...

La phrase exclamative

---

1 **Construisez des phrases selon les indications données :**

A/ *Quel(les)...*

> *Cette femme est jolie.*
> → *Quelle jolie femme !*

1. Ces roses sont belles.

2. Ce jardin est beau.

3. Cette histoire est invraisemblable.

B/ *Que... / Ce que...*

> *Ce bébé est mignon.*
> → *Qu'il est mignon !*
> → *Ce qu'il est mignon !*

1. Ils étaient drôles, ces clowns.

2. Il fait chaud.

3. Il a l'air fatigué.

C/ *Comme...*

> *Pierre est gentil.*
> → *Comme il est gentil !*

1. Tu es élégant aujourd'hui.

2. Elle a maigri.

3. Carlos parle bien français.

2   **Trouvez une phrase qui justifie l'exclamation :**

> ... ***Comme*** *ça sent bon !* → *Tu as fait un gâteau au chocolat.* ***Comme*** *ça sent bon !*

1. ... Comme c'est cher !
2. ... Quelle drôle d'idée !
3. ... Que c'est bon !
4. ... Ce que c'était bien !
5. ... Quelle chance !
6. ... Ce qu'elle est gentille !
7. ... Quel sale temps !
8. ... Ce que ça m'ennuie !
9. ... Quelle horreur !
10. ... Comme c'est difficile !

3   **Complétez les phrases en imitant le modèle :**

> *Je n'ai pas de nouvelles d'Antoine depuis longtemps.* ***Pourvu que*** *... !*
> → *Je n'ai pas de nouvelles d'Antoine depuis longtemps.* ***Pourvu qu'****il ne soit pas malade !*

1. Nous devons faire un grand tour en bateau demain. Pourvu que ... !
2. Aux courses, j'ai parié pour le cheval n° 13. Pourvu que ... !
3. Le rendez-vous est à 18 heures, mais il y a des embouteillages dans toute la ville. Pourvu que ... !
4. Le violoniste P. Richard est grippé. Il doit donner un concert lundi prochain. Pourvu que ... !
5. Christian a oublié son cartable au vestiaire de la piscine. Pourvu que ... !

4   **Complétez les phrases par l'expression qui convient le mieux :**

1. Tu ne paies ta chambre que 1 000 F par mois.   ☐ *Quel dommage !*
2. On n'a pas cours de maths aujourd'hui !   ☐ *Avec plaisir !*
3. Quelle chaleur ! si on allait prendre un pot ?   ☐ *À ta santé, mon vieux !*
4. Vous refusez de me rembourser mon billet !   ☐ *Je n'en reviens pas !*
5. Elle ne pourra pas venir à mon mariage.   ☐ *Oui, ça y est !*
6. J'ai les billets pour le concert de samedi.   ☐ *Ah ! ça c'est chouette !*
7. Buvons aux quarante ans de Paul !   ☐ *Ah ! c'est un peu fort quand même !*
8. Merci de m'avoir donné ce renseignement.   ☐ *C'est génial !*
9. Elle se remarie pour la quatrième fois.   ☐ *Je t'en prie !*
10. Vous avez fini ?   ☐ *Ça alors !*

5 **Complétez les phrases par une expression exclamative :**

1. Si on allait au cinéma ? ... !
2. Regarde cette vieille photo ! ... !
3. Mon grand-père vient de fêter ses 100 ans ! ... !
4. Nous venons de dîner au restaurant de la tour Eiffel. ... !
5. Il a perdu sa femme et sa fille dans un accident de voiture. ... !
6. Valentine a gagné un voyage aux Antilles. ... !
7. Cet appartement s'est vendu un million de francs. ... !
8. Il a traversé le village à cent à l'heure. ... !
9. On lui a volé son sac et ses valises à l'aéroport. ... !
10. Ce chien aboie tout le temps ! ... !

Le discours indirect

21

DISCOURS INDIRECT

1 **Transposez les phrases au discours indirect :**

A/   *Stéphane dit : « Il pleut encore. »*
   → *Stéphane **dit qu'**il pleut encore.*

1. Elle dit : « Ce melon est délicieux. »

2. Jean et Catherine disent : « Nous sommes fatigués. »

3. Quand sa mère lui demande de ranger sa chambre, Céline répond toujours : « Je le ferai quand j'aurai le temps. »

4. Sébastien raconte : « La voiture de Maxime est tombée en panne à 5 km du village le plus proche et il a dû faire de l'auto-stop. »

5. Hélène annonce à ses parents : « Je vais partir huit jours en Tunisie avec Nicolas. »

B/ **Même exercice en mettant le verbe introducteur à l'imparfait ou au passé composé.**

2   **Transposez les phrases au discours indirect :**

A/   1. Henri promet à sa femme : « Je t'emmènerai à Venise pour ton anniversaire. »

     2. L'employé répond au voyageur : « Je peux vous réserver une place dans le train de 16 h 30. »

     3. Fanny téléphone à son ami : « Je viens enfin d'obtenir mon permis de conduire. »

     4. Les deux touristes expliquent à l'agent de police : « Nous nous sommes trompés de direction et nous ne savons pas comment rentrer à notre hôtel. »

     5. Muriel, en empruntant une cassette-vidéo à son amie, lui affirme : « Je te la rapporterai très vite. »

B/   **Même exercice en mettant le verbe introducteur à l'imparfait ou au passé composé :**

3   **Transposez les phrases au discours direct :**

     1. Le gardien a affirmé qu'il ne connaissait pas cet homme.

     2. Le présentateur annonçait que le film allait commencer.

     3. Christiane a dit qu'elle avait laissé sa voiture dans un parking.

     4. Le vendeur avait répondu à M. Dumas que sa commande lui serait livrée jeudi.

     5. Le gardien m'a prévenue qu'une lettre recommandée venait d'arriver pour moi.

4   **Transposez les phrases au discours indirect :**

     1. Les journaux ont annoncé : « Le Président de la République va se rendre prochainement en Italie. »

     2. L'enfant répétait : « Je ne veux pas aller à l'école. »

     3. Je me suis trompé de numéro. Une voix enregistrée disait : « Il n'y a pas d'abonné au numéro que vous demandez. »

     4. Le Premier ministre a déclaré hier soir à la télévision : « Le chômage a diminué au cours des derniers mois. »

     5. La fillette criait : « Je veux faire un autre tour de manège. »

     6. Mon frère m'a dit au téléphone : « Je viendrai te chercher à l'aéroport. »

     7. Le pianiste a annoncé au public : « Je vais jouer en bis un nocturne de Chopin. »

     8. Amélie m'a écrit : « Je viens de changer de travail et je suis bien contente de mon nouveau poste parce que je ferai de nombreux déplacements à l'étranger. »

5   **Même exercice** (en modifiant les expressions de temps) :

A/   Nous avons reçu une lettre de Jérôme, datée du 2 janvier, nous disant : « Sabine et moi avons visité **aujourd'hui** la maison que nous allons habiter pendant la durée de notre stage à Nouméa. » Il nous écrivait également : « **Hier**, le directeur nous a fait visiter l'hôpital et il nous a présentés aux membres de l'équipe médicale. » Il ajoutait : « Il y a de très belles plages dans les environs ; nous irons **demain** nous baigner et nous commencerons notre travail dans le service de pédiatrie **lundi prochain** ».

B/ Charlotte qui suit un cours d'anglais à Oxford a téléphoné la semaine dernière à sa mère. Elie lui a dit : « J'ai trois heures de cours par jour le matin et, l'après-midi, je suis libre pour travailler ou faire du sport. » Elle lui a raconté également : « **Le week-end dernier**, je suis allée à Londres avec des camarades de cours. Nous y retournerons **le week-end prochain**. »

CAS DU CONDITIONNEL ET DU SUBJONCTIF

6   **Transposez les phrases au discours indirect :**

1. Le professeur a dit aux élèves : « Il faut que vous sachiez ce poème par cœur pour demain. »

2. Quand il était petit, Guillaume répétait souvent : « J'aimerais devenir pilote. »

3. Le journaliste a annoncé : « Le vote de la loi sur la réforme de l'enseignement pourrait avoir lieu la semaine prochaine. »

4. L'employée du magasin m'a raconté : « Mon patron veut que je fasse des heures supplémentaires mais j'ai refusé. »

5. Je vais passer quelques jours à Paris chez Sophie et elle m'a écrit : « Je travaille le samedi mais je laisserai les clés chez la voisine pour que tu puisses entrer chez moi. »

CAS DE L'IMPÉRATIF

7   **Même exercice :**

> *Elle dit aux élèves : « **Sortez !** »*
> *Elle dit aux élèves **de sortir**.*

1. Le professeur conseille aux étudiants : « Écrivez la correction de l'exercice sur vos cahiers ! »

2. Le gardien du parc a dit aux enfants : « Ne jouez pas au ballon sur la pelouse ! »

3. La bibliothécaire a demandé à l'étudiant : « N'oubliez pas de rapporter ces livres mercredi prochain ! »

4. Juliette reçoit ses copains pour Mardi-Gras et elle a dit à chacun : « Déguise-toi et apporte quelque chose à boire et à manger ! »

5. Mon père m'a bien recommandé : « Ne conduis pas trop vite et téléphone-moi dès ton arrivée ! »

INTERROGATION INDIRECTE

8   **Transposez les questions au discours indirect :**

A/ 1. Je me demande : « Où ai-je mis mon porte-monnaie ? »

2. « Combien de temps ces étudiants ont-ils étudié le français ? » voulait savoir le professeur.

3. L'étudiant a demandé : « Pourquoi y a-t-il un accent circonflexe sur les mots « tête » et « hôpital » ?

4. Le douanier demande à chaque automobiliste : « Avez-vous quelque chose à déclarer ? »

5. « Quand reviendras-tu nous voir ? » m'ont demandé mes amis.

6. « N'y a-t-il vraiment pas d'autre solution ? » a-t-il demandé anxieusement.

7. « Est-ce que tu pourrais me prêter ce roman quand tu l'auras fini ? » a demandé Monique à sa sœur.

8. « Comment vont vos parents ? » m'a demandé ma belle-mère.

B/ 1. Je voudrais savoir : « Qui est-ce qui a téléphoné tout à l'heure ? »

2. « Qui est-ce qui veut faire une partie de poker avec moi ? » demandait le jeune homme.

3. Il m'a demandé : « Qui est-ce que tu vas inviter pour ton anniversaire ? »

4. « Avec qui sors-tu ? » a demandé le père à sa fille.

5. Tous les gens demandent : « Qu'est-ce qui a causé l'accident ? »

6. « Qu'est-ce qui est écrit sur le panneau ? » cherchait à lire le visiteur.

7. Dis-moi : « Qu'est-ce que tu veux faire quand tu seras grand ? »

8. « Qu'est-ce que vous prendrez comme entrée ? » a demandé le serveur à la dame.

9. En voyant le paquet sur la table, l'enfant a demandé : « Qu'est-ce que c'est ? »

10. « À quoi sert ce bouton rouge ? » voulait-il savoir.

C/ 1. L'homme a demandé au passant : « Quelle heure est-il ? »

2. « Quel vin nous conseillez-vous avec ce poisson ? » ont-ils demandé au maître d'hôtel.

3. « Laquelle des deux voitures consomme le moins d'essence ? » a demandé le client au garagiste.

4. « Pour lequel de ces candidats vas-tu voter ? » m'a demandé mon ami.

9 **Complétez les phrases par un mot interrogatif :**

1. Pouvez-vous m'expliquer … on va à la gare de Lyon ?

2. Dites-nous … cette information est bien exacte !

3. Traduis-moi … … est écrit sur ce prospectus !

4. Dites-moi, s'il vous plaît, … se trouve la station de métro la plus proche !

5. J'aimerais savoir … vous avez des chaussures de sport.

6. Je voudrais savoir … tu n'as pas répondu à ma lettre.

7. Expliquez-nous … … il faut faire pour obtenir une carte de travail !

8. Personne ne savait … il reviendrait.

9. Pouvez-vous me dire … a peint les *Nymphéas* ?

10. Excusez-moi, je n'ai pas compris … … vous venez de dire !

10   **Un homme a été brutalement attaqué dans l'escalier de l'immeuble où il habite. Il est environ 18 heures. La police interroge plusieurs témoins.**

A/ Imaginez les réponses

• DU GARDIEN :

– Vous êtes bien le gardien de l'immeuble ?
– Qu'est-ce qui se passe ? Pourquoi nous avez-vous appelés ?
– Avez-vous entendu quelque chose d'anormal ? une bagarre ? des cris ?
– Comment avez-vous été averti ?
– Pourriez-vous fournir le signalement de cette personne ?

• DE LA FEMME DE LA VICTIME :

– Tous les papiers de votre mari ont-ils été retrouvés sur lui ?
– Que contenait son porte-documents ?
– À quelle réunion avait-il participé ? Avec qui se trouvait-il ?
– Avez-vous des enfants ? Quand pourrons-nous les interroger ?

B/ Transposez au discours indirect l'interrogatoire du gardien puis celui de la femme de la victime :

Les policiers m'ont demandé si j'étais bien le gardien de l'immeuble et je leur ai répondu que...

11

A/ Vous avez réservé une place de TGV. Vous êtes surpris(e) de vous trouver à côté d'un garçon qui était avec vous à l'université l'an passé.

1. Imaginez un petit dialogue entre lui et vous.
2. Vous écrivez ensuite à un(e) ami(e) pour lui raconter cette conversation, en employant le style indirect.

B/ Au restaurant, vous avez commandé un steack au poivre. Le garçon vous apporte une escalope aux champignons.

1. Imaginez la discussion avec le garçon.
2. Vous racontez cette mésaventure à un(e) camarade.

12   **Transposez ce texte au discours indirect :**

Un peintre célèbre, retiré dans un village de Provence, reçut un jour la visite d'une journaliste. Celle-ci lui demanda tout d'abord :

« Pourquoi avez-vous quitté Paris ? Qu'est-ce qui vous a attiré dans cette région ? »

Le peintre répondit :

« Paris, bien sûr, permet des rencontres lorsqu'on cherche à se faire connaître, mais à mon âge, on aime surtout la tranquillité propice au travail. Ce qui m'a plu dans ce pays, ajouta-t-il, ce sont les couleurs et la qualité de la lumière.

– Serait-il possible que je visite votre atelier ? » demanda ensuite la journaliste.

– Je vous le ferai visiter bien volontiers, répliqua le peintre, parce que je suis toujours heureux que l'on s'intéresse à mes œuvres. »

L'expression de la cause

POURQUOI EST-IL TOMBÉ ?

PROPOSITIONS SUBORDONNÉES À L'INDICATIF

1 **Complétez les phrases :**

1. Quand le voyant rouge du congélateur s'allume, **c'est parce que** ...
2. Si les bourgeons sortent, **c'est parce que** ...
3. Si je ne pars pas en vacances, **c'est que** ...
4. Si les Hollandais roulent beaucoup à bicyclette, **c'est que** ...
5. Quand la sirène des pompiers retentit, **c'est que** ...
6. Quand un arc-en-ciel apparaît, **c'est que** ...
7. Sur une plage, quand on met le drapeau rouge, **c'est parce que** ...
8. Si l'eau des rivières monte, **c'est parce que** ...
9. Quand le baromètre baisse, **c'est que** ...
10. S'il y a des cactus sur la Côte d'Azur, **c'est parce que** ...

2   **Mettez le verbe au temps qui convient :**

1. Elle va certainement revenir parce qu'elle *(oublier)* ses clés.
– Elle a été obligée de revenir parce qu'elle *(oublier)* ses clés.

2. Son salaire a beaucoup augmenté parce qu'il *(travailler)* la nuit.
– Son salaire avait beaucoup augmenté parce qu'il *(travailler)* la nuit.

3. Comme il *(neiger)* toute la nuit, la route est glissante.
– Comme il *(neiger)* toute la nuit, la route était glissante.

4. Aide-moi à traduire ce texte puisque tu *(parler)* bien le russe.
– Puisque tu *(apprendre)* le russe, pourrais-tu m'aider à faire ma traduction ?

3   **Même exercice :**

1. Comme les enfants *(aller)* à l'école le samedi matin et qu'il y *(avoir)* toujours beaucoup de monde sur les routes ce jour-là, nous partons rarement en week-end.

2. Comme un camion *(se renverser)*, on ne circulait plus que sur une voie.

3. Puisque vous *(rester)* à Paris cet été et que vous *(aimer)* les animaux, pourriez-vous garder mon chat ?

4. M. Portal ne pourra pas assister à la réunion des copropriétaires de l'immeuble parce qu'il *(être)* en voyage d'affaires.

5. Ne m'appelle pas ce soir parce que je *(aller)* à une réunion et que je *(rentrer)* tard !

6. Étant donné que Julien *(ne pas être)* majeur, il ne peut pas aller à l'étranger sans l'autorisation de ses parents.

7. Étant donné que le locataire *(ne pas payer)* sa dernière facture de téléphone, les Télécom ont coupé la ligne.

8. Vu que nous *(laisser)* une fenêtre ouverte, la compagnie d'assurances a refusé de nous rembourser après le cambriolage de notre appartement.

9. Il n'est pas venu vendredi sous prétexte qu'il *(avoir)* une réunion professionnelle.

10. Ce dessinateur a été licencié sous prétexte qu'il *(faire)* une caricature choquante.

4   **Complétez les phrases en imitant le modèle :**

> *Vous me dites que vous êtes pressé.* **Puisque** ...
> → **Puisque** *vous êtes pressé, partez sans moi !*

1. Tu me dis que cette émission ne te plaît pas. → Puisque ...
2. Vous voyez bien qu'il va pleuvoir. → Puisque ...
3. Les critiques disent que cette pièce est excellente. → Puisque ...
4. Il est déjà midi. → Puisque ...
5. On annonce qu'il y aura une grève des trains la semaine prochaine. → Puisque ...

5   **Complétez les phrases par des conjonctions différentes :**

1. ... il a été appelé pour une urgence, le docteur Lenoir ne dînera pas avec nous.
2. ... les liaisons par satellites se multiplient, les informations circulent très vite dans le monde entier.
3. On a retardé l'ouverture de cette discothèque ... les règles de sécurité n'avaient pas été respectées.
4. ... vos revenus sont insuffisants, la banque ne pourra pas vous accorder ce prêt.
5. ... tu aimes tant les crêpes, allons dîner dans une crêperie !

PRÉPOSITION + NOM

6   **Répondez aux questions en employant *à cause de* :**

1. Pourquoi les trains sont-ils en retard ?
2. Pourquoi la rue est-elle barrée ?
3. Pourquoi porte-t-on des lunettes noires ?
4. Pourquoi l'air est-il mauvais dans les villes ?
5. Pourquoi y a-t-il tant de monde sur la Côte d'Azur ?

7   **Remplacez la proposition subordonnée par un groupe « préposition + nom » :**

1. En ce moment, il faut beaucoup arroser les plantes **parce qu'il fait chaud**. *(à cause de)*
2. **Comme un passant l'a aidé**, l'aveugle a pu traverser la rue. *(grâce à)*
3. **Étant donné que son premier roman a eu du succès**, elle va en écrire un autre. *(étant donné)*
4. La circulation du TGV est perturbée dans le Sud-Ouest **parce que les vignerons manifestent**. *(en raison de)*
5. Je n'ai pas terminé mon courrier **parce que je n'ai pas eu le temps**. *(faute de)*

8   **Complétez les phrases par les prépositions employées dans l'exercice 7 :**

1. Les voitures roulent très lentement ... le verglas.
2. ... ce nouveau médicament, le malade a pu être sauvé.
3. ... l'heure tardive, il vaut mieux que nous rentrions.
4. Le spectacle en plein air n'a pas eu lieu ... le mauvais temps.
5. Il a renoncé à son voyage en Indonésie ... argent.

9 **Remplacez le groupe nominal par une proposition subordonnée de même sens :**

1. Ferme la porte **à cause des courants d'air** !

2. **Étant donné la longueur du trajet**, nous ferons le voyage en deux étapes.

3. Le matin du 14 juillet, la station de métro Charles-de-Gaulle-Étoile est fermée **en raison d'un défilé sur les Champs-Élysées**.

4. L'incendie a été éteint très vite **grâce à l'intervention rapide des pompiers**.

5. C'est **grâce aux aboiements du chien** que nous avons compris que quelqu'un était entré dans le jardin.

10 **Reliez les deux colonnes en inscrivant les lettres correspondantes dans les cases :**

A. L'hôtel est fermé	☐ de sommeil
B. Cet homme a fait six mois de prison	☐ de faim
C. Le motocycliste a dû payer une amende	☐ de peur
D. Il conduisait comme un fou, j'étais vert	☐ à force d'entraînement
E. Je vais me coucher, je tombe	☐ par gourmandise
F. Allons déjeuner, je meurs	☐ pour vol
G. Excusez-moi, j'ai pris vos gants	☐ par erreur
H. Je n'ai plus faim, je me ressers	☐ pour excès de vitesse
I. Je suis entré chez cet antiquaire	☐ par simple curiosité
J. Il est arrivé premier au Marathon de Paris.	☐ pour travaux

GÉRONDIF

11 **Remplacez les propositions subordonnées par un gérondif :**

> *Les enfants ont réveillé leur petit frère **parce qu'ils faisaient** trop de bruit.*
> → *Les enfants ont réveillé leur petit frère **en faisant** trop de bruit.*

1. La vieille dame s'est cassé la jambe parce qu'elle a glissé sur le trottoir.

2. L'automobiliste a évité un accident parce qu'il a freiné à temps.

3. Le petit Bruno s'est rendu malade parce qu'il a mangé trop de chocolat.

4. Il a brûlé une chemise parce qu'il l'a repassée avec un fer trop chaud.

5. Il s'est tordu la cheville parce qu'il a descendu l'escalier quatre à quatre.

12 **Établissez un rapport de cause entre les deux phrases selon les indications données :**

1. Je vais reprendre de ton gâteau ; il est délicieux. *(car)*

2. Il est très sportif ; il boit peu d'alcool. *(comme)*

3. Un agent de police m'a renseigné ; j'ai facilement trouvé la rue Saint-Charles. *(grâce à)*

4. Cet étudiant a été exclu de l'examen ; il avait triché. *(en effet)*

5. On lui a refusé son visa ; il n'avait pas tous les papiers nécessaires. *(sous prétexte que)*

6. Il jouait au ballon dans la cour ; il a cassé un carreau. *(gérondif)*

13 **Construisez les phrases :**

1. Déjeuner dans un restaurant végétarien / détester la viande *(parce que)*

2. Olivier / rougir facilement / être timide *(comme)*

3. Hans / vivre 5 ans en France / parler français couramment *(étant donné que)*

4. Il y a du brouillard / conduire très prudemment *(car)*

5. Ranger sa chambre / retrouver sa bague *(gérondif)*

6. Noël / être décorées / toutes les boutiques *(puisque)*

14 **Complétez les phrases :**

1. Comme … ce musée ne peut pas exposer tous les tableaux qu'il possède.

2. Grâce à son ordinateur et à sa télécopie, …

3. La place de la Bastille s'appelle ainsi parce que …

4. Attention ! En raison de …, l'eau sera coupée dans l'immeuble de 10 heures à 15 heures.

5. Puisque lundi prochain ce sera le 1er mai, …

6. Vu que je n'avais pas mon maillot de bain, …

CAUSE OU CONSÉQUENCE ?

15 **Composez des phrases avec les éléments donnés, une fois avec *parce que* une fois avec *donc* :**

> aimer danser / aller dans une discothèque
> → *Julien et Mathilde vont tous les samedis dans une discothèque **parce qu**'ils aiment danser.*
> → *Julien et Mathilde aiment danser, **donc** ils vont tous les samedis dans une discothèque.*

1. Rester au soleil / attraper une insolation.

2. Perdre une lentille de contact / ne plus rien voir.

3. Se sentir seul / s'inscrire à un club de sport.

4. Parler fort / vieux monsieur sourd.

5. Se prendre les pieds dans le tapis / casser une pile d'assiettes.

L'expression de la conséquence

> *Je pense, donc je suis.*

RODIN

Le film était très ennuyeux **si bien qu'**il s'est endormi.

Il avait **tellement** soif **qu'**il a vidé la bouteille.

PROPOSITIONS SUBORDONNÉES À L'INDICATIF

1   **Mettez le verbe au mode et au temps convenables :**

A/   1. Nos voisins écoutent de la musique si tard qu'ils nous *(empêcher)* de dormir.

      2. La Joconde est un tableau si célèbre que tous les touristes *(vouloir)* le voir.

      3. La circulation dans Paris est parfois tellement difficile qu'il *(valoir)* mieux prendre le métro.

      4. Cette nuit, le vent a soufflé tellement fort que plusieurs arbres *(tomber)*.

B/   1. Vous fumez tant qu'un jour vous *(avoir)* des problèmes de santé.

      2. Mon fils a tellement grandi qu'il *(ne plus pouvoir)* mettre ce blouson.

      3. Pouvez-vous me donner un verre d'eau, s'il vous plaît ? J'ai tellement parlé que je *(avoir)* la gorge toute sèche.

C/   1. Il nous a raconté tellement d'histoires drôles que nous en *(être)* malades de rire.

      2. Nous avons pris tant de photos pendant notre voyage aux Baléares que nous *(ne pas pouvoir)* vous les montrer toutes ce soir.

      3. Il y a tellement de monde dans ce restaurant que je *(ne plus avoir)* envie d'y aller.

D/ 1. Cette entreprise a de telles difficultés financières qu'elle *(devoir)* licencier une partie de son personnel.

2. Cette année-là, il a fait un tel froid que le Grand Canal de Versailles *(geler)*.

3. Napoléon Bonaparte avait une telle ambition qu'il *(devenir)* empereur.

E/ 1. Pascal avait beaucoup de fièvre, si bien que sa mère *(appeler)* le médecin.

2. Gonzalo parle français avec un fort accent, si bien qu'on le *(comprendre)* mal.

3. La végétation a envahi ce jardin abandonné de sorte qu'on *(ne plus pouvoir)* y entrer.

4. Le TGV est un train rapide, si bien que vous *(être)* à Dijon avant midi, et que nous *(pouvoir)* déjeuner ensemble.

5. L'insécurité règne dans ce pays de sorte qu'il *(être)* conseillé aux étrangers d'en partir.

F/ Faites la liste des constructions employées dans cet exercice.

2 **Complétez les phrases :**

1. Il a ... insisté auprès de son patron qu'il a fini par obtenir ce qu'il voulait.

2. La fenêtre a claqué ... violemment qu'un carreau s'est cassé.

3. Ce garagiste a ... travail qu'il devrait engager un deuxième mécanicien.

4. Les enfants font un ... bruit que je n'arrive pas à travailler.

5. Les enfants sont ... bruyants que je n'arrive pas à travailler.

6. En France, il y a ... fromages qu'on ne peut pas tous les connaître.

7. Ces 30 km à pied m'ont ... fatigué que je vais me coucher !

8. Rémy a passé une nuit blanche ; il est ... fatigué qu'il dort debout.

9. Autrefois, cette rivière était pleine de poissons ; l'industrie chimique l'a ... polluée qu'on n'y pêche presque plus rien.

10. Dans beaucoup de villes, l'atmosphère est ... polluée qu'il faudrait généraliser la voiture électrique.

3 **Établissez un rapport de conséquence en employant les constructions indiquées** (faites les transformations nécessaires) :

A/ *si, tant (de), tellement (de)*

1. Être très sympathique / avoir beaucoup d'amis.

2. Beaucoup danser / ne plus tenir debout.

3. Avoir beaucoup de bagages / prendre un taxi.

4. Chocolat très chaud / se brûler en le buvant.

5. Avoir beaucoup de livres / ne plus savoir où les ranger.

6. Avoir couru très vite / être tout essoufflé.

B/ *un(e) tel(le), de tel(le)s*

1. Tremblement de terre d'une grande violence / beaucoup de maisons s'écrouler.

2. Beaucoup de monde pour visiter la Sainte Chapelle / renoncer à la voir.

3. Avoir de graves problèmes / ne plus dormir.

4. Faire de grosses bêtises / être renvoyé de l'école.

4   **Complétez les phrases :**

1. Jérôme et Sylvie aiment tellement le théâtre que …

2. Emmanuelle était si jolie que …

3. Nous avions oublié de fermer les fenêtres, si bien que …

4. Les deux élèves bavardaient tant que …

5. Cet endroit est si agréable que …

6. Hier, il y avait une telle queue à la banque que …

7. L'enfant a eu si peur que …

8. Ce week-end, il y a eu un tel brouillard que …

9. Yves n'a pas payé sa note de téléphone si bien que …

10. Vous parlez si bas que …

MOTS DE LIAISON

5   **Complétez les phrases :**

> *Cette année, le 14 juillet tombe un samedi,* **donc** …
> → *Cette année, le 14 juillet tombe un samedi,* **donc** *il n'y aura pas de long week-end.*

1. J'avais oublié mon carnet de chèques, **donc** …

2. Il n'arrivait pas, **alors** …

3. J'ai eu la grippe, **c'est pour ça que** …

4. Il y a des travaux sur l'autoroute du Sud, **par conséquent** …

5. Il n'y avait plus de places pour *la Cantatrice chauve* de Ionesco samedi soir, **alors** …

6   **Transformez les phrases selon le modèle :**

> *Le problème de mathématiques était* **si** *difficile* **que** *personne n'a su le faire.*
> → *Personne n'a su faire le problème de mathématiques,* **tellement** *il était difficile.*

1. Ce livre est si passionnant que je l'ai lu en une nuit.

2. La route est si enneigée que les voitures ne peuvent plus circuler.

3. Marie est tellement gentille qu'on ne peut rien lui refuser.

4. Adrien skiait si bien qu'on le prenait pour un moniteur.

5. Il a tellement vieilli que je ne l'ai pas reconnu.

PROPOSITION SUBORDONNÉE AU SUBJONCTIF OU INFINITIF ?

7   **Reliez les phrases :**

A/   *Le directeur est **trop** occupé, il ne peut pas vous recevoir.*
→ *Le directeur est **trop** occupé **pour** vous recevoir.*

1. L'enfant est trop petit ; il n'atteint pas le bouton de la sonnette.

2. Je n'ai pas assez d'argent ; je ne peux pas t'en prêter.

3. Il fait trop chaud ; on ne jouera pas au tennis.

4. Mon frère ne travaille pas assez ; il ne réussira pas son baccalauréat.

5. Ma grand-mère est trop âgée ; elle ne peut pas vivre seule dans son appartement.

6. Le petit Louis est maintenant assez raisonnable : il va tout seul à l'école.

B/   *Le directeur est **trop** occupé ; nous ne le dérangerons pas.*
→ *Le directeur est **trop** occupé **pour que** nous le dérangions.*

1. Il y a trop de bruit ; je ne peux pas t'entendre.

2. Cette robe est trop chère ; je ne l'achèterai pas.

3. Cette piscine est assez grande ; on y organise des compétitions internationales.

4. Il n'a pas assez d'expérience ; on ne lui confiera pas ce poste.

5. Il a assez neigé ; on peut ouvrir toutes les pistes.

6. Louis n'est pas encore assez raisonnable ; ses parents ne le laissent pas aller seul à l'école.

L'expression du but

pour que, afin que
pour, afin de

1 **Mettez le verbe au présent du subjonctif :**

1. Rentre tôt pour que nous *(avoir)* le temps de faire les courses avant le dîner !
2. Le guide portait un grand chapeau jaune pour que les touristes le *(reconnaître)* facilement.
3. L'agent de police fait signe aux automobilistes de s'arrêter afin que les piétons *(pouvoir)* traverser sans danger.
4. Le caissier vérifie toujours ses comptes afin qu'il n'y *(avoir)* pas d'erreurs.
5. Commencez votre travail tout de suite pour que tout *(être)* fini avant 3 heures et demie et que nous *(aller)* au cinéma à la séance de 4 heures !

2 Reliez les phrases :

J'arrose beaucoup ma pelouse. Elle sera bien verte.
→ *J'arrose beaucoup ma pelouse **pour que** / **afin qu**'elle soit bien verte.*

J'arrose beaucoup. J'aurai une pelouse bien verte.
→ *J'arrose beaucoup **pour** / **afin d**'avoir une pelouse bien verte.*

1. J'ai pris rendez-vous chez le coiffeur. Je me ferai couper les cheveux.

– J'ai pris rendez-vous chez le coiffeur. Il me coupera les cheveux.

2. Elle a travaillé tout l'été comme serveuse. Elle paiera ses études.

3. Le dimanche, la circulation est interdite aux voitures devant Notre-Dame de Paris. Les touristes peuvent se promener tranquillement.

4. Il lit beaucoup de journaux. Il a une vue plus large de la politique.

5. Les acteurs se maquillent beaucoup. On les voit mieux de loin.

3 Transformez les phrases selon l'exemple :

*Mon voisin ferme ses rideaux **pour qu**'on ne le voie pas.*
→ *Mon voisin ferme ses rideaux **pour** ne pas être vu.*

1. Elle a dû remplir tout un dossier pour qu'on l'admette dans cette école.

2. Ce gâteau n'est pas fait pour qu'on le regarde mais pour qu'on le mange.

3. Les hommes politiques promettent beaucoup de choses pour qu'on les élise.

4. Cet acteur porte des lunettes noires dans la rue pour qu'on ne le reconnaisse pas.

5. Il a décroché le téléphone pour que la sonnerie ne le dérange pas.

de peur que, de crainte que
de peur de, de crainte de

4 Mettez le verbe au présent du subjonctif :

1. J'ai baissé le gaz sous les pommes de terre sautées de peur qu'elles *(brûler)*.

2. Mon nom est compliqué. Je l'épelle toujours de peur que les gens ne le *(comprendre)* pas.

3. De peur que le chien le *(mordre)*, l'homme avait pris un bâton.

4. J'ai donné une lampe de poche à Laure de peur qu'elle *(se tromper)* de chemin dans la nuit.

5. Ils ont fermé la porte de crainte qu'on *(entendre)* leur conversation.

5 Reliez les phrases par *de peur que* ou *de peur de* :

*La vieille dame tient la rampe. Elle **a peur** de tomber.*
→ *La vieille dame tient la rampe **de peur de** tomber.*

*Elle a ajouté une couverture sur le lit de son fils. Elle **a peur** qu'il ait froid.*
→ *Elle a ajouté une couverture sur le lit de son fils **de peur qu**'il ait froid.*

1. Nous rentrons les géraniums en hiver ; nous avons peur qu'ils gèlent.

2. Roland se dépêche ; il a peur de manquer son train.

3. Jacques n'ose pas dire à ses parents qu'il a abîmé la voiture ; il a peur que son père se mette en colère.

4. Je ne suis pas passé vous voir hier ; j'avais peur de vous déranger.

5. La vendeuse m'a apporté une autre paire de chaussures. Elle a peur que la première soit trop petite.

6 **Complétez les phrases par l'une des conjonctions *pour que*, *afin que* ou *de peur que*, *de crainte que* :**

1. Il est interdit d'allumer des feux dans les forêts des Landes ... il n'y ait pas d'incendie.
   – Il est interdit d'allumer des feux dans les forêts des Landes ... il y ait des incendies.

2. On a mis ce tableau sous verre ... il s'abîme.
   – On a mis ce tableau sous verre ... il ne s'abîme pas.

3. J'ai dessiné un petit plan du quartier à Sonia ... elle ne se perde pas en sortant de la gare.
   – J'ai dessiné un petit plan du quartier à Sonia ... elle se perde en sortant de la gare.

EXERCICE DE SUBSTITUTION

7 **Transformez les phrases :**

> *J'ai fait venir un plombier **pour installer** ma machine à laver.*
> → *J'ai fait venir un plombier **pour l'installation** de ma machine à laver.*

1. J'ai payé 1 500 francs pour louer ce bateau.

2. Ils ont emprunté de l'argent pour acheter leur appartement.

3. Pour assurer ta moto, adresse-toi à la Compagnie X !

4. La France et le Québec ont signé un accord pour développer leurs échanges culturels et commerciaux.

5. Les doubles fenêtres sont très efficaces pour se protéger contre le froid.

6. Les péniches sont utilisées pour transporter des matériaux comme le charbon et le sable.

7. Il a fallu d'importants moyens financiers pour mettre en scène cet opéra.

8. L'OMS* lance une campagne pour vacciner les enfants contre la rougeole.

9. On a construit un décor extraordinaire pour tourner ce film.

10. Pour sélectionner les participants au championnat de natation, il y aura des épreuves préliminaires.

––––––––––

(*OMS = Organisation Mondiale de la Santé)

8   **Complétez les phrases :**

1. Arrête-toi à la poste pour ...
2. Cécile doit finir sa dissertation et elle s'est enfermée dans sa chambre pour que ...
3. ... de peur d'être en retard.
4. L'enfant cache ses jouets de peur que ...
5. ... pour avoir des places au Théâtre de l'Odéon.
6. Je passe généralement par le jardin du Luxembourg pour ...
7. J'ai fait venir l'électricien pour que ...
8. À Paris, certains magasins restent ouverts le soir jusqu'à 22 heures pour que ...
9. ... afin d'informer les étudiants sur l'organisation des cours.
10. Parlez moins fort pour ne pas ...

BUT OU CAUSE ?

9

A/   **Reliez les phrases par *pour que* ou *parce que* :**

> *Il a téléphoné à son amie.*   *– Elle viendra le chercher à la gare.*
> *– Il est très en retard.*
> → *Il a téléphoné à son amie* ***pour qu****'elle vienne le chercher à la gare.*
> ***parce qu****'il est très en retard.*

1. Le professeur répète ses explications.
   – Les étudiants n'ont pas bien compris.
   – Les étudiants comprendront bien.
2. J'ai laissé mon parapluie ouvert.
   – Il séchera.
   – Il est tout mouillé.
3. Pourriez-vous taper votre texte à la machine ?
   – Je le lirai plus facilement.
   – Il est illisible.

B/   **Complétez les phrases :**

1. Leurs parents leur ont acheté une tente.
   – parce que ... / – pour que ...
2. Nous nous sommes arrêtés au bord de la route.
   – parce que ... / – pour que ...
3. Il faut baisser le volume de ta chaîne hi-fi après 10 heures du soir.
   – parce que ... / – pour que ...

L'expression du temps

Quand il était enfant, Mozart a joué à Versailles.

Il est mort **en composant** son célèbre Requiem.

À vingt ans, il avait déjà écrit plusieurs opéras.

PRÉPOSITIONS, ADVERBES, EXPRESSIONS DIVERSES

1 *depuis / il y a*

A/ Complétez les phrases par la préposition qui convient :

1. Je t'attends … une heure.
– Elle m'a téléphoné … une heure.
2. Ils se sont mariés … un an.
– Ils sont mariés … un an.

B/ Mettez le verbe au temps qui convient :

1. Nous *(connaître)* la famille Martin depuis cinq ans.
– Nous *(rencontrer)* la famille Martin il y a cinq ans.
2. Il *(acheter)* cet appartement il y a trois ans.
– Il *(vivre)* dans cet appartement depuis trois ans.

2 *depuis, il y a … que, ça fait … que*

A/ Imitez l'exemple :

> *J'attends l'autobus depuis un quart d'heure.*
> → *Il y a un quart d'heure que j'attends l'autobus.*
> → *Ça fait un quart d'heure que j'attends l'autobus.*

1. J'étudie le français depuis un an.

2. Madame Durand est là depuis une demi-heure.

3. Monsieur Petit est arrivé depuis vingt minutes.

4. Il a quitté son pays depuis six mois.

B/ Imitez l'exemple :

> *J'attendais l'autobus depuis dix minutes quand l'accident s'est produit.*
> → *Il y avait dix minutes que j'attendais l'autobus quand l'accident s'est produit.*
> → *Ça faisait dix minutes que j'attendais l'autobus quand l'accident s'est produit.*

1. J'étais là depuis cinq minutes quand tu es arrivé.

2. Ils se connaissaient depuis trois ans quand ils se sont mariés.

3. On était sans nouvelles du navigateur depuis trois jours ; l'inquiétude grandissait.

4. Notre vieux chien était malade depuis une semaine ; il gémissait sans arrêt.

C/ Répondez aux questions en employant *depuis, ça fait … que* ou *il y a … que* :

1. Il y a longtemps que tu m'attends ?

2. Depuis combien de temps apprenez-vous le français ?

3. Ça fait combien de temps que tu prends ce médicament ?

4. Il y avait combien de temps que vous aviez votre permis de conduire quand vous avez eu cet accident ?

3 *dès, depuis*

A/ Complétez les phrases :

1. … mon arrivée à Paris, j'ai téléphoné à mes parents pour leur dire que tout allait bien.
– … mon arrivée à Paris, j'ai téléphoné trois fois à mes parents.

2. … la fin des cours, j'ai enfin le temps d'aller au cinéma.
– … la fin des cours, nous partirons en Bretagne avec les enfants.

B/ Mettez le verbe au temps qui convient :

1. Ces deux petits garçons *(devenir)* copains dès le premier jour de classe.
– Depuis ce jour-là, ils *(ne plus se quitter)*.

2. Je *(avoir)* mal aux dents depuis trois jours.
– Je *(aller)* chez le dentiste dès demain.

4 *pendant* ou *en* ?

1. Georges a fait l'aller et retour Paris-Londres … 48 heures.

2. Ma sœur doit préparer sa thèse … deux ans.

3. Je l'ai attendu ... plus d'une heure.

4. Ce gâteau se fait ... 15 minutes.

5. Ne me téléphone pas ... la journée, je ne suis jamais là.

6. L'été, nous restons ... trois semaines au bord de la mer.

5   *dans* ou *pour* ?

1. ... combien de temps serons-nous en vacances ?

2. J'étais parti ... la journée et finalement, je suis resté trois jours.

3. Sur la porte du magasin, il y avait une pancarte disant : « Je reviens ... cinq minutes ! »

4. Le Président de la République est élu ... sept ans.

5. Le docteur Lelong est absent ... plusieurs jours.

6. ... quelques années, il faudra refaire cette route de montagne.

6   **Faites des phrases avec les expressions données :** *dans dix minutes,* **il y a** *une heure,* **depuis** *trois jours,* **il y a** *une heure* **que, dès** *mon retour,* **en** *une journée,* **ça fait** *deux ans* **que, pour** *une semaine.*

7   **Complétez les phrases par une des expressions données :**

A/ *toujours, déjà, tout le temps, quelquefois, de temps en temps*

1. Ne lui offre pas ce disque, elle l'a ...

2. Finalement, Jean n'a pas déménagé : il habite ... rue Mouffetard.

3. Nous allons ... dîner dans un restaurant chinois.

4. Impossible de placer un mot ! Il parlait ...

5. Mme X et Mme Y se rencontrent presque tous les jours au marché et elles bavardent ... quelques minutes.

6. Je lis ... des poèmes mais je préfère les romans.

B/ *tout à l'heure, tout à coup, tout de suite*

1. La ligne est occupée, je rappellerai ...

2. La mer était calme ; ... un vent violent s'est levé et nous sommes rentrés au port.

3. Attendez un instant ! Une vendeuse va s'occuper de vous ...

4. J'ai appelé Martine ..., mais elle n'était pas là.

C/ *la veille, ce jour-là, le lendemain*

1. Ma fille prend sa leçon de piano le mardi après-midi, parce que ..., elle sort du lycée plus tôt.

2. Samedi, nous irons visiter le Mont-St-Michel et nous rentrerons à Paris ...

3. Nous sommes allés au théâtre dimanche ; j'avais réservé des places ...

4. Je suis arrivée à Paris le 15 avril ; il pleuvait ...

D/ *dimanche dernier, le dimanche, dimanche prochain, ce soir, le soir*

1. ... nous allons généralement marcher dans la forêt de Fontainebleau ; mais ... comme il neigeait, nous sommes restés à Paris. J'espère bien que nous pourrons y aller ...

2. ... , en été, nous prenions souvent nos repas sur la terrasse.

3. ... , il y aura un excellent concert en plein air aux Tuileries.

8 **Faites des phrases en employant les expressions données :**

> *Luc va chez son kinésithérapeute **toutes les semaines / chaque semaine / une fois par semaine**.*

A/ *chaque jour, tous les jours, une fois par jour*
chaque mois, tous les mois, une fois par mois

B/ *tous les quinze jours, une semaine sur deux, un week-end sur deux*
un jour sur deux, tous les deux jours

9 **Imitez les phrases en utilisant les groupes de mots donnés :**

1. **Il faut** cinq minutes **pour** préparer une omelette.
   apprendre une langue
   aller de la Sorbonne à Notre-Dame

2. **J'ai** une demi-heure **pour** faire ma valise.
   confirmer cette réservation
   prendre ma décision

3. **J'ai mis** une heure **à** faire ma rédaction.
   trouver un appartement
   trouver une place pour ma voiture

4. **Il a passé** la soirée **à** discuter avec des amis.
   regarder la télévision
   ranger sa chambre

PROPOSITIONS SUBORDONNÉES À L'INDICATIF

10 **Mettez le verbe au temps qui convient :**

A/ Simultanéité

1. Pendant que nous *(être)* en vacances, notre voisine arrosera nos plantes.
   – Nous avons visité la ville pendant que le garagiste *(réparer)* la voiture.

2. Quand je *(être)* étudiante, il m'arrivait de manquer des cours.
   – Lorsque la guerre *(éclater)*, il venait de commencer ses études.

3. Chaque fois qu'il me *(voir)*, il me racontait sa vie.
   – Il a le mal de mer toutes les fois qu'il *(monter)* en bateau.

4. Au moment où je *(ouvrir)* la porte, une de mes amies est arrivée.

– Nous étions en train de déjeuner sur la terrasse au moment où il *(commencer)* à pleuvoir.

5. Depuis que Patrick *(ne plus fumer)*, il se porte beaucoup mieux.

B/ Antériorité

1. Aussitôt que nous *(finir)* de dîner, nous regardons la télévision.

– Aussitôt que nous *(finir)* de dîner, nous regardions la télévision.

– Aussitôt que nous *(finir)* de dîner, nous regarderons la télévision.

2. Une fois qu'on *(mettre)* le vin en bouteille, on le conserve dans une cave.

– Une fois qu'on *(mettre)* le vin en bouteille, on le conservait dans une cave.

– Une fois qu'on *(mettre)* le vin en bouteille, on le conservera dans une cave.

3. Dès que tu *(lire)* cette revue, tu me la rendras.

4. Dans mon école, l'institutrice nous lisait une histoire quand nous *(travailler)* bien.

5. Depuis que Patrick *(s'arrêter)* de fumer, il tousse moins.

C/ Antériorité ou simultanéité ?

1. Dès que le feu *(devenir)* vert, les voitures démarraient.

2. Il partira pour la Chine aussitôt qu'il *(obtenir)* son visa.

3. Aussitôt qu'on *(parler)* de politique en famille, on se dispute.

4. Dès que ses parents *(partir)*, Julien invite des copains.

5. Quand cet album de disques *(sortir)*, je l'achèterai.

6. Dès qu'il y *(avoir)* un rayon de soleil, les gens s'installaient à la terrasse des cafés.

11   *depuis que, dès que*

A/ Mettez le verbe au temps qui convient :

1. Depuis qu'il *(obtenir)* son diplôme, il cherche du travail.

– Depuis qu'il *(avoir)* son diplôme, il cherche du travail.

2. Depuis qu'il *(être)* journaliste à la télévision, on le reconnaît dans la rue.

– Depuis qu'il *(tourner)* ce film pour la télévision, on le reconnaît dans la rue.

B/ Complétez les phrases par la conjonction *dès que* ou *depuis que* :

1. ... je serai en vacances, je ferai trois heures de tennis par jour.

– ... je suis en vacances, je dors douze heures par nuit.

2. ... il rentrera, je lui transmettrai votre message.

– ... il est rentré, il est toujours au téléphone.

3. Les pigeons se sont précipités sur le pain qu'on leur lançait ... ils l'ont vu.

4. En général, ... il y a un long week-end, les Parisiens partent pour la campagne.

5. Ce quartier a beaucoup changé ... on l'a rénové.

12   Mettez le verbe au temps qui convient :

A/ 1. Tant qu'il y *(avoir)* des travaux dans cette rue, la circulation y sera interdite.

2. On ne vous remboursera pas tant que vous *(ne pas envoyer)* les papiers nécessaires.

3. Tant que votre blessure *(ne pas être cicatrisé)*, ne vous baignez pas !

4. Le temps froid et humide durera aussi longtemps que les basses pressions *(rester)* sur le pays.

B/ 1. Maintenant que les enfants *(être)* grands, ils vont tout seuls à l'école.

2. Maintenant que vous *(comprendre)* la règle, vous pouvez faire l'exercice.

3. Son inquiétude grandissait à mesure que le temps *(passer)*.

4. À l'Opéra, une ouvreuse place les gens à mesure qu'ils *(arriver)*.

PROPOSITIONS SUBORDONNÉES AU SUBJONCTIF

13 **Mettez le verbe au temps qui convient :**

1. Dépêchez-vous de vous inscrire avant qu'il *(être)* trop tard !

2. Je voudrais bien vous voir avant que vous *(partir)*.

3. En attendant que sa voiture *(être)* réparée, il allait au bureau en métro.

4. Allons prendre un café en attendant que Paul *(revenir)* !

5. Répétez ce mot jusqu'à ce que vous le *(prononcer)* correctement !

6. Tu peux garder mon guide sur Séville jusqu'à ce que tu n'en *(avoir)* plus besoin.

14 **Mettez le verbe entre parenthèses au mode et au temps convenables :**

1. Au moment où l'orage *(éclater)*, nous étions assis à la terrasse d'un café.

2. Pendant que nous *(survoler)* la Manche, nous avons aperçu les côtes de la Grande-Bretagne.

3. La sonnette marche mal ; insistez jusqu'à ce qu'on *(venir)* vous ouvrir !

4. Maintenant que je *(être)* majeur, je peux voter.

5. Depuis que cet écrivain *(obtenir)* le prix Goncourt, la vente de ses livres a doublé.

6. Les enfants sont de plus en plus excités à mesure que Noël *(approcher)*.

7. Nous avons prêté de l'argent à Éric en attendant qu'il *(recevoir)* sa bourse.

8. Une fois que tu *(apprendre)* cette fable de La Fontaine, tu me la réciteras.

9. Quand il *(faire)* beau et que je *(ne pas travailler)*, j'allais à la piscine.

10. Tant que les enfants *(être)* petits et qu'ils *(ne pas aller)* à l'école, beaucoup de mères restent à la maison.

15 **Complétez les phrases par les conjonctions :** *avant que, depuis que, au moment où, en attendant que, à mesure que, tant que, dès que, jusqu'à ce que.*

1. Attendez ! Il faut que je vous donne un ticket ... vous alliez à la caisse.

2. ... nous avancions vers le sud, le paysage devenait de plus en plus sauvage.

3. Revoyez vos conjugaisons ... vous les sachiez parfaitement !

4. Revoyez vos conjugaisons … vous ne les saurez pas !

5. … il y aura un peu de soleil, j'irai à la plage.

6. … le tunnel sous le Mont Blanc est ouvert, le trafic routier a beaucoup augmenté.

7. … le conducteur démarrait au feu vert, un enfant a traversé la rue en courant.

8. Les joueurs de tennis répondent aux questions des journalistes … le tournoi reprenne.

16 **Construisez des phrases en utilisant les éléments donnés :**

1. professeur parler / étudiants prendre des notes *(pendant que)*

2. passer devant la porte / chien aboyer *(chaque fois que)*

3. musiciens accorder leurs instruments / concert commencer *(avant que)*

4. s'approcher de la mer / entendre mieux le bruit des vagues *(à mesure que)*

5. habiter chez des amis / ne pas trouver de studio à louer *(tant que)*

6. voir un reportage sur l'Égypte à la télévision / rêver de visiter les Pyramides *(depuis que)*

PRÉPOSITION + NOM

17 **Remplacez les propositions subordonnées par un groupe nominal :**

> **Quand le cours est fini**, *les étudiants se retrouvent au café.*
> → **À la fin du cours**, *les étudiants se retrouvent au café.*

1. **Avant que Caroline naisse**, sa mère travaillait à plein temps.

2. « Cocorico », chante le coq **quand le soleil se lève**.

3. Les gens s'écrivent beaucoup moins **depuis qu'on a inventé le téléphone**.

4. **Pendant qu'on discutait ce projet de loi**, une manifestation avait lieu devant l'Assemblée Nationale.

5. **Lorsque nous sommes arrivés à Cannes**, nous avons eu beaucoup de mal à trouver un hôtel.

6. Nous nous mettrons à table **dès qu'Anne sera rentrée**.

18 **Remplacez les groupes nominaux par une proposition subordonnée :**

> *Les alpinistes sont partis **avant le lever du soleil**.*
> → *Les alpinistes sont partis **avant que le soleil se lève**.*

1. **Depuis mon arrivée à Paris**, il pleut sans cesse.

2. N'oublie pas de me téléphoner **dès ton retour** !

3. Les passagers de l'avion doivent attacher leur ceinture **avant le décollage de l'avion**.

4. **Pendant notre séjour en Italie**, nous avons mangé toutes sortes de pizzas.

5. Ils ont joué au football **jusqu'à la tombée de la nuit**.

6. **À sa sortie de l'hôpital**, il est parti se reposer à la montagne.

PRÉPOSITION + INFINITIF

19

A/ Reliez ces phrases par *avant de* ou *au moment de* suivis d'un infinitif :

> *Je lis toujours une critique / je vais voir un film / avant de*
> → *Je lis toujours une critique avant d'aller voir un film.*

1. Il lit toujours / il s'endort *(avant de)*
2. Demandez-lui son avis / vous prendrez votre décision *(avant de)*
3. Je postais ma lettre / j'ai vu qu'il n'y avait pas de timbre *(au moment de)*
4. Elle prenait l'autoroute / elle a entendu à la radio qu'il y avait un bouchon à la hauteur de Troyes *(au moment de)*

B/ Reliez les phrases par *avant de* ou *avant que* :

1. Dépêchez-vous de rentrer / il va faire nuit.
2. Relisez votre dictée / vous me la rendrez.
3. Vous devez demander une autorisation / vous prendrez des photos dans ce musée.
4. Nous installons les tables dans le jardin / les invités vont arriver.
5. Le professeur a fait des recommandations aux étudiants / ils vont commencer leur examen.

C/ Complétez les phrases :

1. Au moment de ..., il n'a pas retrouvé son porte-monnaie.
2. Je dois aller faire cette course avant que ...
3. Avant de ..., téléphone-moi !
4. Au moment où ..., il a eu peur et il s'est arrêté.
5. Ils ont déménagé avant de ...

20 Reliez les deux phrases en employant la préposition *après* suivie de l'infinitif passé :

> *La chatte boit son lait ; après, elle aime dormir sur un coussin.*
> → *Après avoir bu son lait, la chatte aime dormir sur un coussin.*

1. Je ferai ma rédaction au brouillon ; après, je la recopierai.
2. Prenez le temps de réfléchir ! Après, vous répondrez.
3. Nous avons vu ce film ; après, nous en avons discuté avec des amis.
4. Ils se baignent ; après, ils s'allongent sur le sable au soleil.
5. On traverse les Monts d'Auvergne ; après, on descend sur les grands plateaux calcaires des Causses.
6. Nous sommes allés au théâtre ; puis, nous avons soupé dans la brasserie d'en face.

GÉRONDIF

21

A/ Remplacez les propositions subordonnées par un gérondif :

> *Quand l'enfant a vu ses parents, il a cessé de pleurer.*
> → **En voyant ses parents**, *l'enfant a cessé de pleurer.*

1. **Quand je suis sorti du métro**, je suis tombé sur un vieil ami.
2. **Quand tu passeras devant la poste**, tu mettras ma lettre à la boîte.
3. N'oubliez pas de prévenir **quand vous partirez** !
4. La porte grince **quand elle s'ouvre**.
5. **Quand je suis allé à Marseille**, je me suis arrêté vingt-quatre heures à Lyon.

B/ Reformulez les phrases en employant un gérondif :

> *Elle fait ses devoirs et elle écoute de la musique en même temps.*
> → *Elle fait ses devoirs* **tout en écoutant de la musique**.

1. Nous avons rangé la cuisine et nous avons bavardé en même temps.
2. Ma mère regarde la télévision et elle tricote en même temps.
3. Il faisait ses études et il travaillait dans un restaurant en même temps.
4. Nous admirions le coucher du soleil et nous marchions sur la plage en même temps.
5. La jeune fille gardait les enfants et feuilletait une revue en même temps.

22   Complétez les phrases :

A/ 1. Reste ici jusqu'à ce que …

2. Chaque fois que …, il nous offre des fleurs.
3. On lui a volé sa voiture pendant que …
4. Je prends un taxi quand …
5. Une fois qu'il aura pris sa retraite, …
6. Depuis que Vincent s'est cassé la jambe, …
7. Il s'installe devant la télévision dès que …
8. J'ai beaucoup d'amis maintenant que …
9. Depuis que … et que …, elle a grossi de trois kilos.
10. Quand … et que …, nous aimions faire de la planche à voile.

B/ 1. En sortant de l'école, …

2. En me promenant, …
3. En faisant du sport, …

C/ 1. Vérifie que ton passeport est valable avant de …

2. À …, les enfants sortent en riant et en se bousculant.
3. J'ai fait la connaissance de ce journaliste pendant …
4. Je te retrouverai devant le cinéma après … la voiture.
5. Laurence a beaucoup changé depuis …

L'expression de l'opposition

Malgré la pluie, les gens dansent dehors!

Il pleut, les gens dansent **quand même** dehors.

PROPOSITIONS SUBORDONNÉES AU SUBJONCTIF

1

A/ Reformulez les phrases en employant la conjonction *bien que* :

> *Il pleut mais je sortirai.* → *Bien qu'il pleuve, je sortirai.*

1. Anne est grippée mais elle veut absolument passer son examen.
2. Xavier travaille depuis longtemps en Allemagne mais il parle très mal l'allemand.
3. Il pleut mais les gens dansent dehors au bal du 14 juillet.
4. J'ai beaucoup de choses à faire mais je vais rester encore un peu avec vous.
5. Il est 9 heures mais il n'y a que deux étudiants dans la classe.

B/ Même exercice (attention à l'antériorité) :

1. J'ai déjà visité ce musée mais je veux bien y retourner avec toi.
2. On a informé les skieurs que la piste était dangereuse, mais quelques-uns ont voulu la prendre.
3. Il avait promis de me rembourser avant la fin du mois, mais il ne l'a pas encore fait.
4. Nous n'avons pas encore reçu toutes les réponses, mais nous pensons qu'il y aura une centaine de personnes à la fête.
5. J'ai arrosé régulièrement cette plante mais elle ne pousse pas bien.

2 **Mettez le verbe au subjonctif présent ou passé :**

1. Bien que la Loire *(être)* un grand fleuve, elle n'est pas navigable.
2. Il n'a pas encore de permis de travail bien qu'il *(faire)* déjà beaucoup de démarches.
3. Quelqu'un fumait dans le couloir bien que cela *(être)* interdit.
4. Bien que sa mère *(dire)* vingt fois à l'enfant de faire moins de bruit, il continuait à souffler dans sa petite trompette.
5. On dit que la centrale nucléaire va être fermée bien qu'il n'y *(avoir)* aucune décision officielle à ce sujet.

3 **Mettez le verbe au temps qui convient :**

1. Nous irons en Bretagne le week-end prochain à moins qu'il *(faire)* trop froid.
2. J'annoncerai la nouvelle à Sylvie à moins que tu *(vouloir)* le faire toi-même.
3. Je refuse de poursuivre cette discussion à moins que vous *(cesser)* de mentir.
4. Ses amis préparent une fête pour son anniversaire sans qu'il le *(savoir)*.
5. André et Michelle sont partis sans que je *(avoir)* le temps de bavarder avec eux.
6. Ils ont pris leur décision sans que je *(pouvoir)* intervenir.

4 **Mettez le verbe entre parenthèses au subjonctif :**

1. Quoi qu'on *(faire)*, il y a toujours des gens mécontents.
2. Tu peux compter sur moi, quoi qu'il *(arriver)*.
3. Quoi que vous en *(penser)*, je vous assure que je dis la vérité.
4. Tu ne me feras pas changer d'avis, quoi que tu *(dire)*.
5. Quoi qu'elle *(porter)*, Alice est toujours élégante.

5 **Imitez le modèle donné :**

> ***Peu importe le temps**, M. Lebrun fait trente minutes de course à pied tous les matins.*
> → ***Quel que soit le temps**, M. Lebrun …*

1. Ce jeu amuse tout le monde, **peu importe l'âge des participants**.
2. Vous pouvez m'appeler à ce numéro de téléphone, **peu importe l'heure**.
3. M. et Mme Lebrun achètent beaucoup de tableaux anciens, **peu importe leur prix**.
4. Il lit toutes sortes de journaux, **peu importe leurs tendances politiques**.
5. **Vous avez des problèmes d'isolation dans votre appartement** ? Isoflex vous apporte des solutions.

PROPOSITIONS SUBORDONNÉES À L'INDICATIF

6 **Mettez le verbe au temps qui convient:**

1. Camille est très sportive tandis que sa sœur, elle, ne le *(être)* pas du tout.

2. Molière a écrit des comédies tandis que Corneille et Racine *(écrire)* des tragédies.

3. On lui donnerait trente-cinq ans alors qu'il en *(avoir)* dix de plus.

4. David n'a pas encore commencé à réviser alors qu'il *(devoir)* passer son examen dans une semaine.

5. L'agent de police m'a fait signe de m'arrêter alors que je *(rouler)* à la vitesse réglementaire: c'était un simple contrôle d'identité.

7 **Complétez les phrases par *sans que*, *à moins que*, *tandis que*, *alors que*, *bien que*:**

1. ... la vitesse soit limitée sur les routes, il y a encore beaucoup d'accidents.

2. Les enfants sont allés au cinéma ... leurs parents le leur aient permis.

3. Sophie travaillait régulièrement ... son frère ne pensait qu'à s'amuser.

4. Alice ne sortira pas ce soir ... on la ramène en voiture.

5. Que voulez-vous boire? J'ai du Schweppes ... vous préfériez un Perrier citron.

6. À la plage, les uns se baignaient, ... les autres se doraient au soleil.

7. Cette actrice, ... elle soit très applaudie par son public, dit qu'elle a toujours le trac avant d'entrer en scène.

8. Le tableau a été volé en plein après-midi au musée du Louvre ... personne s'en aperçoive.

PRÉPOSITION + NOM OU INFINITIF

8 **Reformulez les phrases en employant la préposition *malgré*:**

> *Il sortira **bien qu**'il pleuve.*
> → *Il sortira **malgré** la pluie.*

1. Claire doit travailler bien qu'elle soit fatiguée.

2. Bien qu'il soit âgé, mon grand-père entend encore très bien.

3. Nous irons jouer au tennis bien qu'il fasse chaud.

4. La réunion aura lieu bien que le président soit absent.

5. Bien qu'il soit timide, il a pris la parole en public.

9   **Complétez les phrases par *bien que* ou *malgré* :**

1. On peut dîner dans ce restaurant … il soit tard.
2. Le tunnel du Mont Blanc est ouvert … les travaux en cours.
3. Cette vieille dame continue à conduire … elle ait une très mauvaise vue.
4. Plusieurs bateaux de pêche sont sortis … la tempête.
5. À la gare de Marseille, Thérèse a eu la correspondance pour Aix-en-Provence … le retard de son train.

10

A/   Reliez les phrases selon le modèle :

> *Le train de 8 h 12 va jusqu'à Lyon. Il ne s'arrête pas.*
> → *Le train de 8 h 12 va jusqu'à Lyon **sans** s'arrêter.*

1. Ils ont pris leur décision. Ils ne m'ont pas demandé mon avis.
2. L'enfant lit. Il ne comprend rien à ce qu'il lit.
3. Il est parti. Il n'a rien dit à personne.

B/   Complétez les phrases en employant un verbe à l'infinitif :

1. Je n'aime pas visiter une ville sans …
2. Il ne va jamais chez des amis sans …
3. On ne peut pas vivre longtemps dans un pays étranger sans …

11

A/   Construisez les phrases en suivant les indications :

> *(malgré) Bernard m'a donné les indications. Je me suis trompé de chemin.*
> → ***Malgré** les indications de Bernard, je me suis …*

1. (*malgré* + nom). Julien a une grande expérience professionnelle. Il n'arrive pas à trouver de travail.
2. (*malgré* + nom). Véronique est partie seule en auto-stop. Ses parents le lui avaient interdit.
3. (*sans* + infinitif). L'étudiant a répondu à la question. Il n'a pas réfléchi.
4. (*au lieu de* + infinitif). Les gens regardent la télévision. Ils ne vont pas au cinéma.
5. (*au lieu de* + infinitif). Comme elle était pressée, elle a pris un taxi. Elle n'a pas pris le métro.

B/   Complétez les phrases par un infinitif ou par un nom :

1. Au lieu de …, tu devrais essayer l'acupuncture.
2. Les jeunes sont tous partis au terrain de foot malgré …
3. Il a traversé la rue sans …
4. Malgré …, elle a toujours l'air contente.
5. Elle est restée au café avec ses copains au lieu de …

MOTS DE LIAISON

12 Faites des phrases en employant *mais … quand même* :

> *Avoir beaucoup de travail. / Aller huit jours aux sports d'hiver.*
> → *J'ai beaucoup de travail mais je suis allé* **quand même** *huit jours aux sports d'hiver.*

1. Ne pas beaucoup travailler. / Réussir son examen.

2. Être très attaché à la maison de son enfance. / La vendre.

3. Déconseiller le sucre à Catherine. / Continuer à manger beaucoup de pâtisseries.

4. Être interdit de dépasser 130 km à l'heure sur l'autoroute. / Rouler à 180 !

13

A/ Reformulez les phrases selon les indications :

> ***Bien que*** *cela m'ennuie de ranger ma chambre, je le fais. (tout de même)*
> → *Cela m'ennuie de ranger ma chambre, je le fais* ***tout de même****.*

1. Elle n'est toujours pas là bien que je lui aie rappelé notre rendez-vous hier soir. *(pourtant)*

2. Bien que le passé simple ne soit plus employé dans la langue orale, il est fréquent dans la langue écrite. *(cependant)*

3. Bien que mes deux fils aient des caractères très différents, ils s'entendent bien. *(malgré tout)*

4. Alors que l'hiver dernier a été très doux, cette année il y a beaucoup de neige. *(par contre)*

5. Bien que tu ne sois pas très sportif, tu devrais essayer le vélo tout terrain. *(tout de même)*

B/ Complétez les phrases en employant *mais … quand même, pourtant, par contre, malgré tout, tout de même* :

1. Ma grand-mère qui habite très loin de chez nous, déteste l'avion, …

2. André jure qu'il m'aime encore, …

3. Claire a beaucoup de choses à faire, …

4. Le surf des neiges est un sport difficile, …

5. Il pleut souvent dans le Nord de la France, …

avoir beau

14 Transformez les phrases selon le modèle :

A/
> ***Bien que je parle*** *fort, il ne m'entend pas.*
> → ***J'ai beau parler*** *fort, il ne m'entend pas.*

1. Bien que je frotte, je n'arrive pas à faire disparaître cette tache.

2. Bien qu'on interdise de stationner sur les trottoirs, beaucoup de Parisiens le font.

3. Bien qu'il fasse 40° à l'ombre, Anne tient à visiter l'Acropole.

4. Bien que mon oncle soit très riche, il ne faisait jamais de cadeaux à personne.

5. Bien que les Dussolier habitent au bord de la mer, ils n'allaient jamais à la plage.

B/   *J'ai beau avoir fait un feu dans la cheminée, la pièce reste froide.*
→ *Bien que j'aie fait un feu dans la cheminée, la pièce reste froide.*

1. L'élève a beau avoir relu sa dictée plusieurs fois, elle y a laissé quelques fautes.

2. Le garçon de café a beau se dépêcher, il fait attendre les clients.

3. J'ai beau téléphoner souvent à Colette, je ne me souviens jamais de son numéro.

4. Le spéléologue a eu beau appeler plusieurs fois au secours, aucun de ses compagnons ne l'a entendu.

5. Le gouvernement a beau avoir pris des mesures pour lutter contre le chômage, celui-ci a encore augmenté.

15 **Complétez les phrases :**

1. Bien que j'aie bu beaucoup de café, ...

2. Le français est difficile, pourtant ...

3. Malgré le danger, ...

4. Marc n'est pas venu à mon anniversaire, alors que ...

5. On a beau lui dire d'être prudent, ...

6. Je n'aime pas les épinards mais ... quand même.

7. Nous avons fait deux fois le tour du quartier sans ...

8. Au lieu de ... il est resté dans son fauteuil.

9. Pierre et Joséphine arriveront vers midi à moins que ...

10. Il n'y a plus de jus d'orange, par contre ...

16 **Exprimez l'opposition de plusieurs façons à partir des éléments donnés :**

1. Il pleut / Le match de football continue.

2. Le pont a été élargi / La circulation reste difficile.

3. Elle est myope / Elle ne porte ni lunettes ni lentilles de contact.

4. Il a appris le chinois pendant plusieurs années / Il le parle mal.

5. Elle s'est beaucoup entraînée / Elle n'a pas pu finir la course.

27

L'expression de la condition

PROPOSITIONS SUBORDONNÉES INTRODUITES PAR *si*

1 **Reliez les propositions :**

1. S'il fait beau demain
   S'il faisait beau aujourd'hui
   S'il avait fait beau hier

   ☐ nous serions allés à la plage.
   ☐ nous irons à la plage.
   ☐ nous irions à la plage.

2. L'avion ne décollera pas
   L'avion ne décollerait pas
   L'avion n'aurait pas décollé

   ☐ s'il y avait du brouillard.
   ☐ s'il y avait eu du brouillard.
   ☐ s'il y a du brouillard.

2 **Mettez le verbe au mode et au temps convenables :**

A/ 1. Si Pierre est en retard, nous le *(attendre)* dans un café.
   – Si Pierre était en retard, nous le *(attendre)* dans un café.
   – Si Pierre avait été en retard, nous le *(attendre)* dans un café.

 2. Si vous *(lire)* davantage en français, vous ferez des progrès.
   – Si vous *(lire)* davantage en français, vous feriez des progrès.
   – Si vous *(lire)* davantage en français, vous auriez fait des progrès.

B/ 1. Je *(accepter)* cet emploi sans hésiter si j'étais à ta place.

 2. Si votre réveil s'arrêtait, il *(falloir)* changer les piles.

 3. Si vous *(insister)*, vous auriez obtenu la communication.

 4. Si nous ne nous trompons pas de route, nous *(être)* chez vous à 20 heures.

 5. Si tu *(passer)* un coup de fil à Simon, tu lui diras de venir dîner à la maison.

 6. Tu *(s'amuser)* bien si tu étais venu à la fête chez Sabine.

3 **Imitez les modèles :**

A/   *Repeins cette pièce en blanc. Elle paraîtra plus grande.*
   → **Si tu repeins** cette pièce en blanc, elle **paraîtra** plus grande.

 1. Prenez vos vacances en juin. Vous serez plus tranquille.

 2. Mets des miettes de pain sur le balcon. Les oiseaux viendront les picorer.

 3. Enregistre cette émission sur l'histoire du cinéma. On la regardera dimanche.

B/   *Tu inviterais Sébastien à dîner, ça lui ferait plaisir.*
   → **Si tu invitais** Sébastien à dîner, ça lui **ferait** plaisir.

 1. Tu lirais les petites annonces, tu finirais par trouver un studio à louer.

 2. Vous seriez un peu plus patient, vous obtiendriez satisfaction.

 3. Vous prendriez de l'aspirine, ça vous soulagerait.

C/   *Tu m'aurais écouté, tu ne te serais pas trompé.*
   → **Si tu m'avais écouté**, tu ne te **serais** pas trompé.

 1. Vous auriez acheté votre billet d'avance, il vous aurait coûté moins cher.

 2. Tu aurais mis du rhum dans les crêpes, elles auraient été meilleures.

 3. Nous n'aurions pas laissé la fenêtre ouverte, la pluie n'aurait pas mouillé le tapis.

4 **Complétez les phrases par un impératif :**

   Si vous êtes pressé, …
   → *Si vous êtes pressé, **prenez** un taxi !*

 1. Si tu as froid, …
 2. Si vous voulez bien rire, …
 3. Si ça sonne occupé chez Brigitte, …
 4. Si tu changes d'avis, …
 5. S'il n'y a plus de pain, …
 6. Si tu as faim, …

5 **Complétez les phrases par un futur proche :**

> *Si tu ne te dépêches pas, …*
> → *Si tu ne te dépêches pas, tu **vas rater** ton train.*

1. Si tu ne baisses pas la radio, …
2. Si j'ai le temps, …
3. Si Robert continue à rouler aussi vite, …
4. Si vous ne répondez pas tout de suite, …
5. Si le patron n'accorde pas d'augmentation à ses employés, …

EXPRESSION DE L'HABITUDE

6 **Mettez le verbe entre parenthèses au mode et au temps convenables :**

A/ 1. Si je m'absente, je *(brancher)* toujours le répondeur téléphonique.
   – Si je m'absente demain, je *(brancher)* le répondeur téléphonique.
2. Si je bois du thé le soir, je *(ne pas dormir)*.
   – Si je bois du thé ce soir, je *(ne pas dormir)*.
3. On peut voir l'étoile polaire si la nuit *(être)* claire.
   – On pourra voir l'étoile polaire si la nuit *(être)* claire.

B/ 1. Julia *(comprendre)* un peu le français si on lui parle lentement.
   – Julia *(comprendre)* un peu le français si on lui parlait lentement.
2. Si je *(ne pas avoir)* le temps d'aller au marché, c'est mon mari qui y va.
   – Quand je travaillais à plein temps, si je *(ne pas avoir)* le temps d'aller au marché, c'est mon mari qui y allait.
3. Si ce vieux monsieur *(s'ennuyer)*, il fait des mots croisés.
   – Si ce vieux monsieur *(s'ennuyer)*, il faisait des mots croisés.

7 **Répondez aux questions :**

1. Que faites-vous si vous êtes libre le samedi ?
2. Que ferez-vous si vous êtes libre samedi prochain ?
3. Que feriez-vous si vous receviez un coup de fil anonyme ?
4. Quelle langue auriez-vous choisie si vous n'aviez pas étudié le français ?
5. Que feriez-vous si vous passiez vos vacances au bord de la mer ?
6. Que faites-vous si vous manquez le dernier métro ?
7. Qu'auriez-vous fait si vous n'étiez pas venu en France cette année ?
8. Où iriez-vous si on vous offrait un voyage ?
9. Que feriez-vous si vous étiez seul dans une ville inconnue ?
10. Que ferez-vous si vous ne réussissez pas à l'examen ?

si OU *sinon*

8

A/ Complétez les phrases par *si* ou *sinon* :

1. Partez avant 8 heures ... vous ne voulez pas arriver en retard.
   – Partez avant 8 heures, ... vous arriverez en retard.

2. Mets ton manteau, ... tu attraperas froid.
   – ... tu ne mets pas ton manteau, tu attraperas froid.

3. Il faut que tu présentes ta carte d'étudiant, ... on ne te laissera pas entrer dans la bibliothèque de la Sorbonne.
   – On ne te laissera pas entrer dans la bibliothèque de la Sorbonne ... tu ne présentes pas ta carte d'étudiant.

B/ Reformulez les phrases :

> *Il est occupé, **sinon** il sortirait avec vous.*
> → *S'il n'était **pas** occupé, il sortirait avec vous.*

1. Recouds ce bouton, sinon tu vas le perdre !

2. L'année dernière, j'avais cours tous les matins à 8 heures. Je me couchais très tôt, sinon je ne pouvais pas me lever.

3. Aimez-vous la tarte au citron ? Sinon, j'achèterai une tarte aux pommes.

4. Mon frère était en Corée au moment de mon mariage, sinon il serait venu.

5. Jean n'avait pas assez d'argent sur lui, sinon il aurait tout de suite acheté ce poster.

6. Je ne suis pas capable de t'aider à faire ton devoir de mathématiques, sinon je le ferais volontiers.

AUTRES CONJONCTIONS

9 **Mettez le verbe au mode et au temps convenables :**

1. Pour une fois, même si ce *(être)* très cher, allons passer le réveillon de la Saint-Sylvestre chez Maxim's !
   – Claude accepterait n'importe quel emploi même s'il *(devoir)* quitter Paris.
   – Même si vous *(envoyer)* ce colis en exprès, il ne serait pas arrivé avant la fin de la semaine.

2. Conservez votre ticket de caisse au cas où vous *(vouloir)* faire un échange.
   – Au cas où vous *(changer)* d'avis, prévenez-moi !
   – Le médecin a demandé qu'on le rappelle au cas où la fièvre *(ne pas baisser)*.

3. Gilles acceptera de te prêter sa voiture à condition que tu *(ne pas conduire)* comme un fou.
   – Le directeur examinera votre demande d'inscription à condition que vous *(compléter)* le questionnaire ci-joint et que vous le *(envoyer)* avant le 1er juin.

10   **Reliez les phrases selon les indications en faisant les transformations nécessaires :**

> *Au cas où...*
> *– J'ai acheté des jus de fruits.*
> *– Mes amis n'aiment peut-être pas la bière.*
> → *J'ai acheté des jus de fruits **au cas où** mes amis n'aimeraient pas la bière.*

1. *À condition que*
   – Ce médicament est bien toléré.
   – On le prend au cours des repas.

2. *Au cas où*
   – Vous perdez votre carte de crédit.
   – Prévenez immédiatement votre banque.

3. *Si*
   – J'irai jouer au volley-ball.
   – Je mettrai un survêtement.

4. *Même si*
   – Il y aurait du vent.
   – Je me baignerais.

5. *Au cas où*
   – Je laisserai les clés chez le concierge.
   – Tu arriveras avant moi.

6. *Si*
   – Vous auriez une fille.
   – Comment l'appelleriez-vous ?

7. *À condition que*
   – Mon fils ne fait pas de cauchemars.
   – Nous laissons une veilleuse allumée dans sa chambre.

8. *Si*
   – Le chauffeur du car aurait roulé moins vite.
   – L'accident aurait été moins grave.

9. *Même si*
   – Je sortirai avec Alexis.
   – Cela ne te plaît pas que je sorte avec lui.

10. *Si*
   – J'aurais le temps.
   – Je suivrais des cours de théâtre.

PRÉPOSITION + NOM OU INFINITIF

11 Remplacez les propositions subordonnées par *en cas de* + nom ou *à condition de* + infinitif :

A/
> *Au cas où il pleuvrait*, *le tournoi de tennis sera annulé.*
> → *En cas de pluie*, *le tournoi de tennis sera annulé.*

1. Au cas où l'ascenseur tomberait en panne, appuyez sur le bouton rouge pour appeler le gardien.

2. Au cas où il y aurait un incendie, fermez toutes les ouvertures et appelez les pompiers.

3. Au cas où le locataire serait absent, le facteur pourra laisser le paquet chez le concierge.

B/
> *Vous pouvez participer aux jeux du Casino* ***à condition que vous ayez dix-huit ans.***
> → *Vous pouvez participer aux jeux du Casino* ***à condition d'avoir dix-huit ans.***

1. Vous aurez des places au théâtre de la Colline à condition que vous fassiez la queue le premier jour de la location.

2. Les enfants sont admis dans ce club de voile à condition qu'ils sachent nager.

3. On peut préparer la maîtrise à condition qu'on ait déjà la licence.

EXERCICE DE SUBSTITUTION

12 Remplacez les groupes de mots en caractères gras par une proposition subordonnée introduite par *si* :

A/
> *Vous irez plus vite* ***en prenant le métro.***
> → *Vous irez plus vite* ***si vous prenez le métro.***

1. **En lisant tous les jours les petites annonces**, vous finirez bien par trouver un studio à louer.

2. Vous n'auriez pas attrapé de coup de soleil **en mettant de la crème**.

3. **En ajoutant des herbes de Provence**, tu donnerais plus de goût à cette ratatouille.

4. **En faisant régulièrement de la gymnastique**, vous seriez plus en forme.

B/
> *Je n'aurais pas pu faire ces exercices* ***sans les explications du professeur.***
> → *Je n'aurais pas pu faire ces exercices* ***si le professeur ne me les avait pas expliqués.***

1. Ma sœur ne voit rien **sans ses lunettes**.

2. Je ne pourrai pas finir cette traduction **sans ton aide**.

3. **Sans mon ordinateur**, j'aurais passé trois fois plus de temps à faire ce travail.

4. Ce vieux monsieur s'ennuierait **sans son jardin à cultiver**.

C/
> *Avec un peu de chance*, *vous réussirez à le joindre à son bureau avant 10 heures.*
> → *Si vous avez un peu de chance*, *vous réussirez à le joindre à son bureau avant 10 heures.*

1. **Avec de la patience**, on arrive à tout.

2. **Avec ce diplôme de comptable**, Victor trouvera facilement du travail.

3. **Avec du temps**, je serais arrivé(e) à faire ce puzzle.

13 **Complétez les phrases :**

1. Je partirai même si ...
   Je partirai à condition que ...

2. Si nous habitions en province, ...

3. Au cas où ..., achète-moi des timbres !

4. Je mangerais plus souvent du caviar si ...

5. Les couleurs de ce tee-shirt imprimé résisteront au lavage à condition que ...

6. Téléphonez-moi au cas où ...

7. Même si elle a des soucis, elle ...

8. J'aurais regardé cette émission jusqu'au bout si ...

9. Vous obtiendrez un joli bronzage si ...

10. Le samedi, s'il fait beau ...

28

L'expression de la comparaison

Il est doux **comme** un agneau

Il marche **comme** une tortue

Il est malin **comme** un singe.

COMPARATIFS

1 **Imitez les exemples :**

A/ *Jean – grand – son frère jumeau.*
→ *Jean est **plus** / **aussi** / **moins** grand **que** son frère jumeau.*

1. Le temps d'aujourd'hui – beau – le temps d'hier.

2. La vie en France – chère – la vie dans votre pays.

3. Ce sirop contre la toux – efficace – ces pastilles.

4. Sophie – habiter Paris depuis longtemps – moi.

B/ *La France – avoir des habitants – votre pays.*
→ *La France a **plus** / **autant** / **moins** d'habitants **que** mon pays.*

1. Véronique – avoir des amis étrangers – Élisabeth.

2. Mon mari – gagner de l'argent – moi.

3. Les garçons – faire du sport – les filles.

4. Cette épicerie – avoir des clients – celle-là.

C/ *Les enfants – regarder la télévision – les adultes*
→ *Les enfants regardent **plus** / **autant** / **moins** la télévision **que** les adultes.*

1. Gabriel – travailler – Michel.

2. Les jeunes – voyager – les retraités.

3. Dans mon pays – étudier les langues étrangères – en France.

4. L'hiver dernier – neiger – cet hiver.

SUPERLATIFS

2   **Imitez les modèles :**

A/   *Mozart est-il plus connu que les autres compositeurs ?*
→ *Oui, c'est le compositeur **le plus** connu.*

1. Est-ce que l'avenue des Champs-Élysées est plus célèbre que les autres avenues parisiennes ?

2. Est-ce que ce restaurant est plus cher que les autres restaurants du quartier ?

3. Est-ce que le Pont-Neuf est plus ancien que les autres ponts de Paris ?

4. Est-ce que, dans votre pays, le football est plus populaire que les autres sports ?

B/   *Dans les Alpes, le Mont Blanc est une très haute montagne.*
→ *C'est **la plus** haute montagne **des** Alpes.*

1. Dans ma famille, Éric est très grand. C'est …

2. À Paris, la tour Eiffel est un monument très célèbre. C'est …

3. Dans la ville, ce jardin est très agréable. C'est …

4. Dans le quartier, cette charcuterie est très chère. C'est …

5. En France, le château de Versailles est très visité. C'est …

6. Dans le monde, le Nil est un très long fleuve. C'est …

7. Aux États-Unis, New York est une ville très peuplée. C'est …

8. En Asie, le riz est une céréale très cultivée. C'est …

COMPARATIF ET SUPERLATIF DE « *bon* » ET DE « *bien* »

3   **Complétez les phrases par :**
– bon, meilleur, le meilleur (attention aux accords)
– bien, mieux, le mieux

A/ 1. André est un … pianiste.
– André est un … pianiste que sa sœur.

2. André joue … du piano.
– André joue … que sa sœur.

3. La prononciation de John est …
– La prononciation de John est … que celle de Peter.
– La prononciation de John est bien … que celle de Peter.

    4. John prononce … le français.

    – John prononce … le français que Peter.

    5. Dans la classe, c'est la prononciation de John qui est …

    – Dans la classe, c'est John qui prononce …

B/ 1. Depuis que je porte des lentilles de contact, je vois …

    2. Les fruits frais sont … que les fruits en conserve.

    3. Hubert a moins de fièvre, il va … qu'hier.

    4. En mai, il fait généralement … qu'en avril.

    5. Nous avons planté cinq rosiers ; c'est le blanc qui pousse …

    6. C'est dans cette pâtisserie qu'on trouve … éclairs au chocolat du quartier.

    7. Je trouve que c'est … de voir un film en version originale.

    8. Pour aller à la Bastille, qu'est-ce qui est … ? le métro ou le bus ?

4 **Complétez les phrases par un comparatif ou un superlatif :**

    1. L'avion est … que le train.

    2. Ma nouvelle voiture consomme … d'essence que la précédente.

    3. Tu joues au tennis beaucoup … depuis que tu as pris des leçons.

    4. Gérard Depardieu est l'acteur français …

    5. Un kilo de plomb pèse … qu'un kilo de plumes.

    6. Le 21 juin est le jour … de l'année.

    7. La France compte … de catholiques que de protestants.

    8. Le métro est le moyen de transport …

    9. Vincent travaille très bien ; il est devenu … élève de sa classe.

   10. J'écris … avec un stylo feutre qu'avec un stylo à bille.

CONSTRUCTIONS DIVERSES

5 **Imitez l'exemple :**

> *Ma sœur a trois enfants. Moi, j'en ai deux.*
> → *Elle en a **un de plus** que moi.*

    1. Cette semaine, j'ai joué deux fois au tennis. D'habitude, je n'y joue qu'une fois. Cette semaine, j'y ai joué …

    2. J'ai fait quinze photocopies. C'est trop, il n'en fallait que dix. J'en ai fait …

    3. Le garçon a apporté quatre cafés. C'est trop, nous ne sommes que trois. Il en a apporté …

    4. Il faut mettre trois pièces de 1 franc dans le distributeur de boissons. Je n'en ai mis que deux. Il faut que j'en mette …

    5. Le lundi, je n'ai que deux heures de cours. Le mardi, j'en ai quatre. Le lundi, j'en ai …

6 **Imitez l'exemple :**

> *Arrivez **tôt** samedi soir !*
> → *Arrivez **le plus tôt possible** !*

1. Téléphone-moi souvent !

2. Docteur ! Venez vite !

3. Écrivez votre nom lisiblement !

4. Le professeur a expliqué la leçon clairement.

5. Elle marche doucement pour ne pas faire de bruit.

7 **Répondez aux questions en employant *de plus en plus* ou *de moins en moins* :**

> *Est-ce que votre mari rentre toujours aussi tard ?*
> → *Oui, il rentre **de plus en plus** tard.*

1. Est-ce que l'air est plus pur quand on monte au sommet d'une montagne ?
   – Oui, ...

2. Est-ce que les gens écrivent autant de lettres qu'avant ?
   – Non, ...

3. Est-ce que la Terre est plus peuplée qu'avant ?
   – Oui, ...

4. Elle prend des leçons de chant. Est-ce qu'elle chante bien ?
   – Oui, ...

5. Est-ce que les gens consomment beaucoup de médicaments ?
   – Oui, ...

6. Est-ce qu'il y a encore beaucoup de paysans en France ?
   – Non, ...

EXPRESSION DE LA SIMILITUDE

8 **Imitez le modèle :**

> *Camille/Madeleine – porter un bermuda*
> → *Camille et Madeleine portent **le même** bermuda.*
> → *Camille porte **le même** bermuda **que** Madeleine.*

1. Patrice / François – avoir des idées politiques

2. Sophie / sa sœur – habiter un quartier

3. Mon frère / son ami Fred – pratiquer un sport

4. Tom / Harry – jouer dans un groupe de rock

5. Martine / moi – avoir une voiture

9 **Complétez les phrases par *comme* ou *le, la, les même(s) ... que* :**

1. Elle s'habille ... un garçon, elle porte ... vêtements ... son copain.

2. Luc n'est pas ... toi ; il n'est jamais en retard. Et pourtant, il se lève à ... heure ... toi.

3. Il ne pense pas ... moi, il n'est pas de ... avis ... moi.

4. Tous les ans, les Bonnot vont ... nous au bord de la mer et cette année, ils iront dans ... village ... nous.

5. Markus n'est pas dans la ... école ... Sandra mais ... elle, il prépare un diplôme de langue.

EXPRESSION DE LA PROPORTION

10 **Complétez les phrases par *plus ... plus, moins ... moins, plus ... moins* :**

1. ... les examens approchent, ... les étudiants deviennent nerveux.

2. ... on vieillit, ... on est souple.

3. ... vous roulez vite, ... vous prenez de risques.

4. ... le temps passait, ... on avait d'espoir de retrouver les alpinistes disparus.

5. ... l'hiver approche, ... les jours raccourcissent.

11 **À votre tour, établissez plusieurs comparaisons sur chacun des thèmes suivants :**

1. Paris et votre ville.

2. Les jeunes d'aujourd'hui et ceux d'il y a trente ans.

3. La cuisine en France et dans votre pays.

4. Les moyens de transport d'aujourd'hui et ceux d'autrefois.

5. Le climat en France et dans votre pays.

PROPOSITIONS SUBORDONNÉES

12 **Reliez les phrases :**

Votre appartement est grand. Je pensais qu'il était plus petit.
→ *Votre appartement est **plus grand que** je le pensais.*

1. L'examen a été difficile. Je croyais qu'il serait plus facile.

2. Pendant le week-end de Pâques, il n'a pas fait beau. On espérait qu'il ferait plus beau.

3. La visite du musée des Arts et Traditions populaires a été longue. Nous pensions qu'elle serait moins longue.

4. Dans ce magasin, il y a beaucoup de choix. Je pensais qu'il y en avait moins.

5. La réparation de ma montre a coûté cher. L'horloger m'avait dit qu'elle ne serait pas chère.

6. J'ai bien réussi mes épreuves de mathématiques au baccalauréat. Je n'espérais pas les réussir aussi bien.

13 **Mettez le verbe entre parenthèses au temps qui convient :**

A/ 1. Nous sommes arrivés à 8 heures, comme nous le *(faire)* tous les jours.

2. J'ai réservé une table au restaurant comme je te le *(dire)*.

3. Venez à 5 heures ou à 6 heures, comme vous *(préférer)* !

4. Je te donne mon avis, mais tu feras comme tu *(vouloir)*.

B/ 1. Mes parents me traitent toujours comme si je *(être)* un enfant.

2. Il crie comme si nous *(être)* sourds.

3. Le chien s'est jeté sur sa pâtée comme s'il *(ne pas manger)* depuis huit jours.

4. Le ciel s'est couvert comme s'il *(aller)* pleuvoir.

5. Je lui ai demandé de se taire, mais il a continué à parler comme s'il ne me *(entendre)* pas.

6. Ils sont partis en hurlant comme s'ils *(voir)* le diable.

14 **Reliez les deux colonnes en inscrivant les lettres correspondantes dans les cases :**

A Il est heureux	☐	comme quatre
B C'est simple	☐	comme ses pieds
C Elles se ressemblent	☐	comme un *i*
D Il mange	☐	comme les blés
E Il est malin	☐	comme deux gouttes d'eau
F Il est bête	☐	comme une pie
G Il est blond	☐	comme un poisson dans l'eau
H Ce professeur est ennuyeux	☐	comme un singe
I Il se tient droit	☐	comme la pluie
J Il est bavard	☐	comme bonjour

15 **Complétez les phrases :**

1. Elle dépense sans compter comme si ...

2. L'enfant pleurait comme si ...

3. Madame Blanc se dépêche toujours comme si ...

4. Elle a préparé un énorme gâteau comme si ...

5. Elle s'habille toujours comme si ...

Imprimé en France par l'imprimerie Hérissey, à Évreux (Eure) - N° 103269 - Dépôt légal : 80766 - 11/2006 – Collection N° 23 - Édition N° 08
15/5058/1